Manuela und Joëlle Herzfeld

Family & Friends

GENUSSVOLLE MOMENTE MIT DEM THERMOMIX®

LEMPERTZ

Von Felix Krohmer

Wenn ich jemanden beschreiben muss, gibt es für mich zwei Varianten. A: Der Typ ist langweilig und mir ziemlich egal: Ich finde ein paar nette, belanglose Worte. B: Der Mensch ist mir wichtig und ich möchte es gut machen. Manu, du bist B!!! Und deshalb fange ich diesen Text jetzt schon zum dritten Mal an. Weil ich es besonders gut machen will. Weil ich dich und deine Wahnsinnsleistung so schätze, aus dem Nichts Deutschlands führenden Thermomix®-Blog (für mich bist du die unangefochtene Thermomix®-Queen!!!) auf die Beine zu stellen, Bestseller am laufenden Band rauszuhauen (als ich das hier schreibe, ist dieses Buch wegen der Vorbestellungen auf Platz 1 bei Amazon – vor dem Deutschen Grundgesetz!!!).

Nun könntest du in den Redaktionssitzungen der Zeitschrift MIXX, für die du wunderbare Rezepte mit dem großartigen Herzfeld-Kick und einer nie-kompliziert-nie-08/15-Garantie entwickelst und den Chefredakteur (also mich) berätst, auf Diva machen. Mitnichten, dir geht es immer um die Sache. Nämlich aus guten Produkten ohne viel Firlefanz, mit einer extra Portion Kreativität, wunderbare Gerichte zu mixen. Das ist dein Erfolgsgeheimnis: auf dem Boden bleiben und von dort aus himmlische Rezepte kreieren, statt Starallüren lieber Stars auf dem Teller in Szene setzen und mit viele Liebe zum Detail selbst fotografieren, Trends erkennen, lange bevor sie Trends sind. Und: Du redest über deine vielen Fans immer mit Respekt. Du weißt, was du ihnen zu verdanken hast. Sie verdanken dir viele genussvolle Momente – wie unsere MIXX-LeserInnen. Danke dafür! Danke für deine stets klugen, ungeschönten Ratschläge und unschätzbaren Inspirationen. Liebe Joëlle, sei mir nicht böse, dass ich hier nur von Manu rede und deine tolle Leistung nicht würdige. Mi scusi, nächstes Mal!!!

Manu, ich habe etwas Wichtiges von dir gelernt: Warum kompliziert, wenn es auch einfach geht!?! Viele Journalisten denken oft zu kompliziert. Wollen besonders geistreich, originell sein. Das Wort „originell“ kommt von „Original“. Nehme ich zumindest schwer an. Ein Original ist kein Abbild, sondern ein Original. Das bist du für mich! Weil du dir und deinem Qualitätsanspruch immer treu bleibst. Weil du dich in deinem Business, das von den sozialen Netzwerken lebt, nie verbiegst. Das macht dich glaubwürdig, das schätzen deine Fans, das schätze ich an dir. Jetzt habe ich den Faden verloren. Das kennst du ja. Dann hebst du ihn auf und reichst ihn mir. Nicht zu kompliziert denken, einfach machen! Richtig erfolgreich wird es nur, und das habe ich auch von dir gelernt, wenn eine entscheidende Zutat dabei ist: Herzblut.

Du hast ein großes Herz und ich bin stolz darauf, darin einen kleinen Platz einnehmen zu dürfen, mit dir zu arbeiten, von dir zu lernen. Pass auf dich auf, arbeite nicht zu viel (im Ernst, sonst schimpfe ich mit dir) und behalte dir diese Leidenschaft für das, was du tust. Das ist ein Geschenk – für dich, für mich und für alle deine Fans!

Dein Felix

Mit Liebe kochen ist Nahrung für die Seele

Vorwort

Hallo Ihr Lieben,

wie schön, dass Ihr unser neues Buch „Family and Friends“ in den Händen haltet. Da es unser bisher persönlichstes Buch ist, ist es gar nicht so einfach, die richtigen Worte zu finden. Denn mit so einem Herzensprojekt geht auch immer ein Stück von einem selbst hinaus in die Welt.

Ziemlich genau vor einem Jahr erschien unser zweites Buch „Soulfood with Love“ im Buchhandel und bereits kurz darauf befassten wir uns auch schon mit unserem Buch Nummer drei. Wie soll es heißen? Was ist das Thema? Wie könnte es aussehen? Und warum eigentlich schon wieder ein Buch?

Uns war von Anfang an klar, dass unser neues Buch anders sein sollte, das aber trotzdem weiterhin unsere Handschrift trägt und unsere Leidenschaft bis ins kleinste Detail zum Ausdruck bringt! Fest stand, es sollten Rezepte sein, die zugleich alltagstauglich sind, aber auch zu besonderen Anlässen passen. Zudem wollten wir Euch Ideen geben, wie Ihr Eure Quality time mit den Liebsten noch genussvoller gestalten könnt.

Wir sind absolute Familienmenschen, mit wunderbaren Kindern und tollen Freunden. Uns alle verbindet die Liebe für gutes Essen und gesellige Stunden. Damit lag das Thema für dieses neue Buch direkt auf der Hand und wurde zu einem großen Herzensprojekt.

In unserem Buch „Family and Friends“ geht es um unsere Lieblingsaugenblicke im Leben: Familie und Freunde nehmen am gedeckten Tisch platz. Es wird gemeinsam geredet, gelacht und in Erinnerungen geschwelgt. Denn was gibt es Schöneres, als seine kostbare Zeit mit den Liebsten zu teilen?

Auf den nachfolgenden Seiten findet Ihr für jeden Anlass das passende Rezept. Mal sind sie raffiniert, aber nicht immer müssen sie kompliziert sein. Denn das Wichtigste ist doch, dass sie allen schmecken. Deshalb kreieren wir für Euch ausschließlich Rezepte, die wir selbst für gut befunden haben. Und erst dann geben wir sie hinaus in die Welt.

Doch unsere Rezepte lassen auch Raum für Eure Vorlieben. Denn es gibt beim Kochen keine festen Regeln. Wir schreiben niemandem vor, wie ein Gericht aussehen MUSS. Vielmehr möchten wir Euch zeigen, wie es aussehen KANN. Passt alles an Euren Geschmack an, denn Rezepte sind keine Gebote, sondern Empfehlungen bzw. Anleitungen. Ihr mögt keinen Knoblauch? Dann lasst ihn weg. Ihr möchtet ein bestimmtes Gewürz in einem Gericht? Gebt es dazu. Es ist Euch zu fett- oder zuckerhaltig? Nehmt einen leichteren Ersatz. Alles ist möglich! Traut Euch einfach, es kann nicht wirklich viel schiefgehen. Kreiert aus unseren Rezepten Euer eigenes Lieblingsrezept und macht es zum ganz persönlichen Familiengericht. Verfeinert jedes Rezept mit einer extra großen Portion Liebe und es wird allen schmecken.

Denn letztendlich geht es uns allen um den Genuss und die Freude am guten Essen. Es ist wunderbar, dass es in der Welt so viele Interpretationen von ein und demselben Gericht gibt. Immer wieder hören wir von Euch, dass unsere Rezepte gelingsicher, alltagstauglich und einen gewissen Pfiff haben. Wir freuen uns über jedes Feedback und von diesem sind wir wirklich immer sehr gerührt. Das zeigt uns, dass wir Euch erreichen, Ihr Spaß dabei habt mit unseren Rezepten zu experimentieren und wir Euch Freude in die Küche bringen. Wir sind stolz darauf, ein Teil Eures Küchenalltags sein zu dürfen. Genau deshalb gibt es ein weiteres Food with Love-Kochbuch.

Niemals hätten wir zu träumen gewagt, dass unser Weg so verläuft wie bisher. Unser Traum war ein eigenes Buch. Herrje, jetzt sind es schon drei und zwei Bookazines. Das ist der Wahnsinn! Nichts in der Welt hat uns jemals unsere Träume aufgeben lassen und davon gibt es zum Glück immer noch sehr viele, die wir noch verwirklichen möchten. Man muss nur fest daran glauben, Tag für Tag an sich und seinem Traum arbeiten. Sich dabei aber immer wieder Ruhezeiten gönnen und auf das Wesentliche konzentrieren.

Wenn auch Ihr Träume habt, glaubt an Euch! Ihr seid stark und Ihr könnt alles schaffen, was Ihr Euch vornehmt. Vielleicht gibt es Rückschläge, doch wichtig ist, immer wieder aufzustehen und daran zu wachsen – daraus zu lernen. Auch wir lernen Tag für Tag durch Erfahrungen dazu.
Wir wünschen euch von Herzen, dass auch Ihr Eure Träume verwirklicht.

Nehmt jetzt Platz an unserer großen Family and Friends-Tafel. Schön, dass Ihr da seid und lasst es Euch schmecken!

Alles Liebe
Eure

Mona & Joëlle

PS: Wir freuen uns wirklich immer sehr über Euer Feedback und beantworten Euch gerne Fragen rund um unser Buch. Schreibt uns dazu einfach eine Mail an hello@foodwithlove.de und wir versuchen, alles zeitnah zu beantworten.

Inhalt

BROT

DIPS, SAUCEN, AUFSTRICHE

SÜSSE DIPS

HAUPTSPEISEN

KUCHEN UND GEBÄCK

DESSERTS

GETRÄNKE

NON-STOP

Die besten Zutaten beim Kochen und Backen sind Leidenschaft und Liebe!

DREI-KÄSE-KNOTEN

Was ist besser als ein Rezept, das richtig lecker schmeckt? Ganz klar, ein Rezept, das so gut schmeckt, dass man es sogar für mehrere Gerichte zubereiten kann, weil es immer passt. Diese Drei-Käse-Knoten z.B. sind wahre Alleskönner. Ob pur, als Snack oder Suppenbegleiter – sie werden von allen geliebt.

5 GROSSE KNOTEN
60 MINUTEN + WARTEZEIT

ZUTATEN:

1/2 Bund Petersilie
185 g Milch
15 g frische Hefe
1 TL Zucker
375 g Weizenmehl, Type 550 + etwas zum Bemehlen
1 TL Salz
40 g weiche Butter
1 Ei, Größe M
150 g Käse, gerieben (zu drei gleichen Teilen gemischt: Cheddar, Mozzarella, Gouda)

zusätzlich benötigt Ihr:

ca. 25 g geschmolzene Butter
1 Ei, Größe M, mit etwas Milch verquirlt

› Es sind recht große Knoten. Für kleinere einfach die Teigstreifen nochmal halbieren. So bekommt Ihr 10 kleine Knoten.

1 | Petersilie in den Mixtopf geben, **3 Sekunden / Stufe 8** zerkleinern und umfüllen.

2 | Milch, Hefe und Zucker in den Mixtopf geben, **3 Minuten / 37°C / Stufe 2** erwärmen.

3 | Mehl, Salz, Butter und Ei zugeben, **8 Minuten / Teigstufe** kneten.

4 | Den Teig in eine Schüssel geben und abgedeckt 1 Stunde ruhen lassen.

5 | Den Teig auf eine leicht bemehlte Arbeitsfläche geben, in zwei gleich große Portionen teilen und zu Rechtecken von ca. 35 x 45 cm ausrollen.

6 | Eine Teigplatte mit Butter bestreichen, mit dem Käsemix (eine Handvoll zum Bestreuen zurückhalten) und Petersilie bestreuen.

7 | Die andere Teigplatte darauflegen und gut andrücken.

8 | Der Breite nach in 10 gleich breite Streifen schneiden.

9 | Fünf Teigstreifen mit etwas Butter bestreichen, einen zweiten Teigstreifen darauf legen, andrücken und mit dem Teigroller nochmal darüber gehen.

10 | Jeden doppelten Teigstrang in sich verdrehen, zu einem Kringel bzw. Knoten formen und auf ein mit Backpapier ausgelegtes Backblech legen.

11 | Den Backofen auf 180°C Ober-/Unterhitze vorheizen.

12 | Teiglinge nochmal 30 Minuten abgedeckt ruhen lassen. Mit dem verquirlten Ei bestreichen und mit dem restlichen Käse bestreuen.

13 | Im heißen Ofen für ca. 25 Minuten goldbraun backen.

Say Cheese

FLADENBROT-BRUSCHETTA

„Manchmal wird aus einem relativ einfachen Essen ein ganz besonderes. Nämlich dann, wenn köstliche Aromen auf unvergessliche Momente treffen. Wie diese Fladenbrot-Bruschetta, die wir gegessen haben, als wir unser neustes Familienmitglied kennenlernen durften: Meinen Neffen Junes. Ein kleiner Schatz!“ (Manuela)

CA. 8 PORTIONEN
60 MINUTEN + WARTEZEIT

ZUTATEN:

Fladenbrot:
40 g Milch
5 g frische Hefe
1 Prise Zucker
215 g Wasser
360 g Weizenmehl, Type 550 + etwas zum Bemehlen
2 TL Salz

Thunfischcreme:
2 Dosen Thunfisch, Abtropfgewicht à 185 g
25 g getrocknete Tomaten, in Öl, abgetropft
1 Knoblauchzehe
300 g Doppelrahmfrischkäse
1 EL Zitronensaft
2 TL Honig
1/2 TL Paprikapulver
Salz und Pfeffer aus der Mühle

Bruschetta:
2 EL Olivenöl
2 EL Balsamicoessig, hell
2 TL Honig
250 g Cocktailtomaten
1 rote Zwiebel
1 Handvoll Basilikumblätter

zusätzlich benötigt Ihr:
2 Handvoll Rucola, ca. 60 g
100 g Parmesan, gehobelt
Salz und Pfeffer aus der Mühle, zum Abschmecken
Olivenöl zum Bestreichen
Sesam zum Bestreuen

FLADENBROT:

1 | Milch mit Hefe und Zucker in den Mixtopf geben, **3 Minuten / 37°C / Stufe 2** erwärmen. 15 Minuten ruhen lassen.

2 | Wasser und Mehl zugeben, **5 Minuten / Teigstufe** kneten. Salz zugeben, nochmal **5 Minuten / Teigstufe** kneten.

3 | Den Teig in eine Schüssel geben und abgedeckt für 12–24 Stunden in den Kühlschrank stellen.

4 | Den Teig auf einer leicht bemehlten Arbeitsfläche zu einer Kugel formen und abgedeckt 15 Minuten ruhen lassen.

5 | Den Backofen auf 250°C Ober-/Unterhitze vorheizen.

6 | Anschließend den Teig ca. 1 cm dick ausrollen (Ø ca. 20–25 cm), die Ränder etwas dicker lassen. Nicht zu feste drücken, sonst werden die Luftbläschen zerstört. Nach Belieben ein Muster reindrücken, hauchdünn mit Olivenöl bestreichen und nach Belieben mit Sesam bestreuen.

7 | Auf ein mit Backpapier ausgelegtes Backblech geben und für ca. 15–20 Minuten goldbraun backen.

THUNFISCHCREME:

8 | Den Thunfisch abtropfen lassen.

9 | Tomaten und Knoblauchzehe in den Mixtopf geben, **4 Sekunden / Stufe 8** zerkleinern. Mit dem Spatel alles vom Rand nach unten schieben.

10 | Thunfisch, Frischkäse, Zitronensaft, Honig und Paprikapulver zugeben, **1 Minute / Stufe 2.5** verrühren.

11 | Mit Salz und Pfeffer abschmecken.

AUCH SEHR LECKER MIT PESTO ALS UNTERGRUND.

BRUSCHETTA:

12 | Die Tomaten waschen und halbieren.

13 | Zwiebelhälften und Basilikum in den Mixtopf geben, **3 Sekunden / Stufe 6** zerkleinern.

14 | Olivenöl, Balsamico und Honig zugeben, **3 Minuten / 40°C / Stufe 1** dünsten.

15 | Ölgemisch zu den Tomaten geben, alles gut durchmischen und mit Salz und Pfeffer abschmecken.

16 | Das Fladenbrot waagerecht halbieren. Jeweils auf eine Hälfte etwas Thunfischcreme geben und 5 Minuten bei 220°C Ober-/Unterhitze backen.

17 | Herausnehmen, jeweils die Hälfte Rucola darauf verteilen, darauf Bruschetta und mit Parmesanspänen bestreut servieren.

› Wenn es schnell gehen soll, könnt Ihr natürlich auch gekauftes Fladenbrot verwenden.

FRÜHSTÜCKSHÖRNCHEN – UNSER SONNTAGMORGENRITUAL

„Wusstet Ihr, dass mein Zweitname ‚Sonja' ist? Gefallen hat er mir noch nie. Bei einem gemeinsamen Frühstück mit Freunden kamen ‚Zweitnamen' zur Sprache. So schnell bin ich damit erst mal nicht rausgerückt. Wir hatten jede Menge Spaß an diesem Morgen und schon war ein neues Sonntagmorgenritual geboren mit frischen Sonja-Hörnchen." (Manuela-Sonja)

8 STÜCK
50 MINUTEN + WARTEZEIT

ZUTATEN:

150 g Milch
80 g Butter
20 g frische Hefe
500 g Weizenmehl, Type 550 + etwas zum Bemehlen
100 g Zucker
1 TL Vanilleextrakt
150 g griechischer Joghurt
1 Ei, Größe M
1 gute Prise Salz

zusätzlich benötigt Ihr:
ca. 60 g flüssige Butter zum Bestreichen der Teiglinge
1 Eigelb und 2 EL Sahne verquirlt

› Ihr könnt die Hörnchen auch schon am Vorabend vorbereiten. Dazu den fertigen Teigstapel in Frischhaltefolie über Nacht in den Kühlschrank geben. Am Morgen Zimmertemperatur annehmen lassen, in Tortenstücke schneiden und weiter wie im Rezept verfahren.

1 | Milch, Butter und Hefe in den Mixtopf geben, **3 Minuten / 37°C / Stufe 2** erwärmen.

2 | Mehl, Zucker, Vanille, Joghurt, Ei und Salz zugeben, **6 Minuten / Teigstufe** kneten.

3 | Den Teig in eine Schüssel umfüllen und abgedeckt 90 Minuten ruhen lassen.

4 | Den Teig auf eine bemehlte Arbeitsfläche geben und in fünf gleich große Portionen teilen.

5 | Jede Teigportion zu einem Kreis von ca. 28 cm Durchmesser ausrollen, mit flüssiger Butter bestreichen und aufeinander legen.

6 | Der letzte Teigkreis obendrauf muss nicht mit Butter bestrichen werden.

7 | Zum Schluss nochmal mit einem Teigroller darüber gehen und zu einem Kreis von ca. 35 cm Durchmesser ausrollen.

8 | Teigstapel in 8 Stücke schneiden, wie bei einer Torte, und von der langen Seite her die Hörnchen aufrollen.

9 | Teiglinge zu Hörnchen biegen und auf einem mit Backpapier ausgelegten Backblech abgedeckt nochmals 30 Minuten gehen lassen.

10 | Den Backofen auf 160°C Heißluft vorheizen.

11 | Anschließend die Hörnchen mit der Eigelbmischung bestreichen und 20–25 Minuten goldbraun backen.

AMERIKANISCHES WEISSBROT

Wenn uns das Fernweh packt, vermissen wir oft unser zweites Zuhause in Florida. Um dann die Sehnsucht ein bisschen zu mildern, bereiten wir daheim sehr häufig amerikanische Rezepte zu. Wie dieses Brot. Es ist DAS amerikanische Weißbrot schlechthin. Fluffig, soft und lecker – als Sandwich oder French Toast.

1 BROT
70 MINUTEN + WARTEZEIT

ZUTATEN:

180 g Milch
25 g Zucker
50 g Butter
10 g frische Hefe oder
1/2 Pk. Trockenhefe
1 Ei, Größe M
1 TL Salz
400 g Weizenmehl, Type 550 + etwas zum Bemehlen

zusätzlich benötigt Ihr:

Öl zum Ausstreichen der Schüssel
Kastenform, 23–25 cm

1 | Milch, Zucker, 30 g Butter und Hefe in den Mixtopf geben, **3 Minuten / 37°C / Stufe 2** erwärmen.

2 | Ei, Salz und 150 g Mehl zugeben, **2 Minuten / Teigstufe** kneten.

3 | Restliches Mehl **8 Minuten / Teigstufe** unterkneten.

4 | Den Teig in eine mit Öl ausgestrichene Schüssel geben und abgedeckt 1,5 Stunden ruhen lassen.

5 | Nach der Ruhezeit den Teig auf eine bemehlte Arbeitsfläche geben, nochmal kurz durchkneten und zu einem Brotlaib formen. In eine gefettete Kastenform legen und abgedeckt nochmal 45 Minuten ruhen lassen.

6 | Den Backofen auf 180°C Ober-/Unterhitze vorheizen.

7 | Das Brot auf mittlerer Schiene ca. 50 Minuten backen, bis es goldbraun ist und hohl klingt, wenn man auf den Boden klopft.

8 | Sollte es zum Ende der Backzeit zu dunkel werden, mit Folie abdecken.

9 | Das Brot aus der Form stürzen. Die restliche Butter schmelzen und den Brotlaib damit einpinseln.

10 | Vor dem Anschnitt auf einem Kuchengitter völlig auskühlen lassen.

PASST AUCH
HERVORRAGEND
ZU UNSERER
KÖNIGSBUTTER
AUF SEITE 60.

BIG MAC®-TOAST

Fastfood geht auch zu Hause. Denn den Klassiker vom großen M könnt Ihr Euch jetzt mit unserem leicht abgewandelten Rezept in der heimischen Küche zubereiten – das Beste daran ist, Ihr wisst genau, was drin ist: gebutterte Toastscheiben, saftiges Fleisch, geschmolzener Käse und als Krönung die oberleckere Sauce.

2 STÜCK
20 MINUTEN

ZUTATEN:

Patties:
250 g Rinderhackfleisch
1/2 TL Worcestersauce
1 Prise Salz und Pfeffer

Big Mac®-Sauce:
60 g Mayonnaise, selbstgemacht oder gekauft
1 TL Sweet Pickle Relish, selbstgemacht oder gekauft
1/2 TL Senf
1 Spritzer Balsamicoessig, hell
1/4 TL Paprikapulver, edelsüß
1/4 TL Knoblauchpulver
1/4 TL Zwiebelpulver
1 gute Prise Salz

Toast:
6 Scheiben amerikanisches Weißbrot, (z.B. von S. 22)
4 Scheiben Cheddar
1 Zwiebel, gewürfelt
1/4 Eisbergsalat, klein geschnitten

zusätzlich benötigt Ihr:
neutrales Öl und 1 Stückchen Butter zum Anbraten

PATTIES:

1 | Rinderhack, Worcestersauce, Salz und Pfeffer in den Mixtopf geben, **1 Minute / Teigstufe** kneten.

2 | Aus dem Teig 4 Patties in Form und Größe der Brotscheiben formen, auf dem Grill oder in der Pfanne braten.

BIG MAC®-SAUCE

3 | Alle Zutaten in den Mixtopf geben, **15 Sekunden / Stufe 3** verrühren.

FERTIGSTELLUNG:

4 | Die Brotscheiben in Öl und Butter anbraten. Auf vier Brotscheiben die Cheddarscheiben verteilen, damit der Käse schmilzt. Dafür legen wir einen Deckel auf die Pfanne.

5 | Die Brotscheiben aus der Pfanne nehmen. Auf zwei der Käse-Brotscheiben nun etwas Sauce geben. Dann ein paar der gehackten Zwiebeln und ein Patty daraufsetzen.

6 | Wieder eine Käse-Brotscheibe daraufsetzen, etwas Sauce und wieder gehackte Zwiebel darauf verteilen.

7 | Jetzt etwas klein geschnittenen Salat, einen weiteren Patty und wieder etwas Sauce darauf geben und mit dem verbliebenen Toast (ohne Käse) abschließen.

Einfach lecker!

› Das Sweet Pickle Relish bekommt Ihr in der Spezialitätenabteilung eines gut sortierten Supermarkts. Ihr könnt es auch selbst herstellen. Ein Rezept dazu findet Ihr auf unserem Blog **foodwithlove.de.**

PRETZEL BUBBLE BREAD MIT CREMIGEM HONIG-SENF-DIP

Spieleabend mit der Familie, Serienmarathon mit Freunden oder bis spät in die Nacht mit den Liebsten durchquatschen: Pretzel Bubble Bread wurde genau für solche geselligen Stunden erfunden. Warm, soft und buttrig – einfach himmlisch. Zusammen mit dem süß-herzhaften Dip sind sie im Nu weg und Eure Freunde rundum glücklich.

1 BUBBLE BREAD
45 MINUTEN + WARTEZEIT

ZUTATEN:

Pretzel Bubble Bread:
300 g Wasser
1 Prise Zucker
20 g frische Hefe oder
1 Pk. Trockenhefe
2 EL Olivenöl
500 g Weizenmehl, Type 550 + etwas zum Bemehlen
1 TL Salz

Natronlauge:
30 g Natron
500 ml Wasser
oder

Brezellauge:
20 g Brezellauge-Perlen
500 ml Wasser

Dip:
2 EL Dijonsenf, ca. 40 g
110 g Mayonnaise
1 EL Honig
Saft von 1/2 Zitrone
Salz und Pfeffer

zusätzlich benötigt Ihr:
Öl zum Ausstreichen der Schüssel
ca. 30 g geschmolzene Butter zum Bestreichen
grobes Meersalz zum Bestreuen
Backblech oder runde Backform à 30 cm Ø

1 | Wasser, Zucker und Hefe in den Mixtopf geben, **3 Minuten / 37°C / Stufe 2** erwärmen und 5 Minuten ruhen lassen.

2 | Öl, Mehl und Salz zufügen, **3 Minuten / Teigstufe** kneten.

3 | Den Teig in eine geölte Schüssel geben und 1 Stunde gehen lassen, bis sich das Volumen deutlich vergrößert hat.

4 | Den Backofen auf 220°C Ober-/Unterhitze vorheizen. Ein Backblech oder runde Backform mit Backpapier auslegen.

5 | Für die Natronlauge das Wasser auf dem Herd aufkochen, den Topf vom Herd nehmen und das Natron einrühren oder die Laugenperlen in kaltes Wasser einrühren.

6 | Den Teig auf eine bemehlte Arbeitsfläche legen und kleine Teigportionen von ca. 15 g abstechen und rund formen.

7 | Jedes Teigstück zu einer Kugel formen und in die Natronlauge tauchen oder bei der kalten Variante die Teigkugeln damit einstreichen.

8 | Teiglinge auf dem Backblech oder in der Backform kreisförmig aneinander setzen.

9 | Mit grobem Meersalz bestreuen und im Ofen ca. 15 Minuten goldbraun backen.

10 | Nach dem Backen sofort dünn mit geschmolzener Butter bepinseln und zusammen mit dem Dip servieren.

HONIG-SENF-DIP:

11 | Alle Zutaten in einer kleinen Schüssel miteinander verrühren oder im Thermomix® **15 Sekunden / Stufe 3** mischen.

12 | Mit Salz und Pfeffer abschmecken.

Die Lauge kann mehrfach verwendet werden. Ihr bekommt die Laugenperlen online oder auch in Apotheken.

› Das bessere Ergebnis erhalten wir mit der Brezellauge. Jedoch ist diese Lauge ätzend! Augenschutz und Handschuhe sollten vorsichtshalber getragen werden.

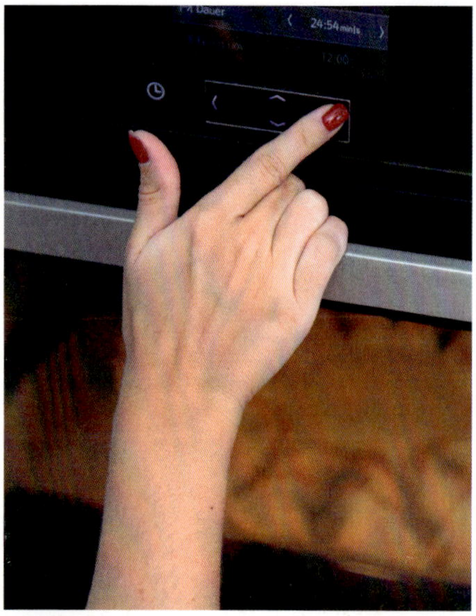

VIER-KÄSE-PIZZABLUME

Solltet Ihr gerade auf Diät sein, dann lieber schnell weiterblättern. Für alle anderen wird's jetzt ganz schön käsig. Ihr werdet diesen Snack lieben, denn er schmeckt so gut, wie er aussieht. Obwohl er dadurch schon fast zu schade zum Essen ist, kann dem verführerischen Duft doch niemand lange widerstehen.

1 BLUME | 16 STÜCKE
60 MINUTEN + WARTEZEIT

ZUTATEN:

Teig:
250 g Wasser
5 g frische Hefe
500 g Weizenmehl, Type 550 + etwas zum Bemehlen
10 g Salz
2 EL Olivenöl

Belag | Pesto:
30 g Pinienkerne
180 g getrocknete Tomaten in Öl, gut abgetropft
12 Blättchen Basilikum
20 g Parmesan oder Pecorino, frisch gerieben
1 Knoblauchzehe
70 g Olivenöl
50 g Ricotta oder Doppelrahmfrischkäse
1 TL Balsamicoessig, dunkel
Salz und Pfeffer aus der Mühle

zusätzlich benötigt Ihr:
150 g Mozzarella, gerieben
75 g Gorgonzola
100 g Frischkäse
1/2 TL Basilikum, getrocknet
50 g Parmesan, gerieben

TEIG:

1 | Wasser und Hefe in den Mixtopf geben, **3 Minuten / 37°C / Stufe 2** erwärmen.

2 | Mehl, Salz und Öl zugeben, **6 Minuten / Teigstufe** kneten.

3 | In eine Schüssel umfüllen und mindestens 2 Stunden ruhen lassen.

BELAG:

4 | Pinienkerne in einer Pfanne ohne Fett rösten, bis sie duften und goldbraun sind. Beiseitestellen.

5 | Abgetropfte Tomaten, Basilikum, Parmesan und Knoblauch in den Mixtopf geben, **3 Sekunden / Stufe 7** pürieren. Mit dem Spatel alles vom Rand nach unten schieben.

6 | Pinienkerne, Olivenöl, Ricotta und Balsamico zugeben, **2 Minuten / Stufe 3.5** cremig rühren.

7 | Mit Salz und Pfeffer abschmecken.

FERTIGSTELLUNG:

8 | Den Backofen auf 220°C Ober-/Unterhitze vorheizen.

9 | Den Teig in drei gleich große Portionen teilen und zu drei Kreisen von ca. 30 cm Durchmesser auf einer bemehlten Arbeitsfläche ausrollen.

10 | Den ersten Fladen auf ein mit Backpapier ausgelegtes Blech legen.

11 | Auf die erste Teigplatte die Hälfte des Pestos streichen.

12 | Ebenso die Hälfte des Mozzarellas, Gorgonzolas und Parmesans darauf verteilen.

13 | Frischkäse mit Basilikum verrühren und die Hälfte mit einem Teelöffel auf dem Teig verteilen.

14 | Den zweiten Fladen darauf legen, mit dem Rest des Pestos bestreichen und mit dem restlichen Käse belegen wie zuvor.

15 | Abschließend den letzten Fladen darauf legen. Ihr habt nun drei gestapelte Fladen.

16 | Mit Hilfe eines umgedrehten Glases oder einer kleinen Schüssel in die Mitte einen Kreis eindrücken.

17 | Mit einem Messer vom Glas aus bis zum Rand 16 mal einschneiden. So entstehen 16 Strahlen.

18 | Jeweils zwei nebeneinander liegende Stränge nehmen und in die jeweils entgegengesetzte Richtung drehen. Mit allen weiteren Strängen ebenso verfahren.

19 | Im heißen Ofen für ca. 25 Minuten goldbraun backen.

20 | Mit ein paar Basilikumblättern bestreut servieren.

BAGEL-BROT

In New York sind Bagel der absolute Klassiker zum Frühstück. Auch am heimischen Frühstückstisch kommen wir gern in den Genuss dieses Brotes. Mit diesem Bagel-Brot haben wir einmal einen supergemütlichen Brunch mit unseren Liebsten eingeläutet. Ratzfatz war es aufgefuttert. So muss es sein!

1 BROT
70 MINUTEN + WARTEZEIT

ZUTATEN:

220 g Wasser
15 g frische Hefe
20 g Zucker
370 g Weizenmehl, Type 550
1 TL Salz + eine Prise
1 TL Natron
1 TL Honig
1 Ei, Größe M, mit etwas Milch verquirlt
Körnermix zum Bestreuen
1 Handvoll Käse nach Wahl, gerieben

zusätzlich benötigt Ihr:
Öl zum Ausstreichen der Schüssel
Kastenform, 25 cm

1 | Wasser, Hefe und Zucker in den Mixtopf geben, **3 Minuten / 37°C / Stufe 2** erwärmen und 5 Minuten quellen lassen.

2 | Mehl und Salz hinzugeben, **5 Minuten / Teigstufe** kneten.

3 | Den Teig in eine mit Öl ausgestrichene Schüssel geben und darin wenden, sodass er mit Öl benetzt ist, und abgedeckt ca. 1 Stunde gehen lassen, bis sich das Volumen verdoppelt hat.

4 | Den Teig nun in 5 gleich große Portionen teilen und zu Kugeln rollen. In der Mitte von jeder Kugel mit Hilfe eines Holzkochlöffelstiels ein Loch machen. Abgedeckt nochmal 20 Minuten ruhen lassen.

5 | Den Backofen auf 180°C Ober-/Unterhitze vorheizen. Eine Kastenform fetten.

6 | Einen Topf mit Wasser füllen, Prise Salz, Natron und Honig zugeben, und das Wasser einmal aufkochen lassen. Temperatur herunterschalten und jeden Bagel ca. 45 Sekunden von jeder Seite darin baden lassen und anschließend in der Kastenform aneinanderreihen.

7 | Teiglinge und "Nahtstellen" gut mit dem verquirlten Ei einstreichen und mit dem Körnermix bestreuen.

8 | Im heißen Ofen ca. 35–40 Minuten backen, bis es goldbraun ist.

9 | In den letzten 10 Minuten den Käse darüber geben.

10 | 10 Minuten in der Form ruhen lassen, dann auf einem Kuchengitter komplett auskühlen lassen.

Das Loch in der Mitte hilft den Kochvorgang zu beschleunigen!

SCHINKEN-KÄSE-ROLLE

Stromboli ist nicht nur der Name einer italienischen Insel mit aktivem Vulkan, sondern auch dieser gefüllten Hefeteigrolle. Vielleicht trägt sie diesen Namen, damit Ihr wie der Stromboli vor Ideen übersprudeln könnt. Denn mit welchen Köstlichkeiten Ihr die Rolle füllt, bleibt ganz Euch überlassen. Wir haben uns für die Schinken-Käse-Variation entschieden.

CA. 10 – 12 STÜCKE
60 MINUTEN + WARTEZEIT

ZUTATEN:

Teig:
320 g Wasser
15 g frische Hefe
1 TL Honig
560 g Weizenmehl, Type 550 +etwas zum Bemehlen
1,5 TL Salz
20 g Olivenöl

Füllung:
25 g Schmand
25 g Mayonnaise
8 Scheiben heller Cheddar
8 Scheiben gek. Schinken
80 g kleine Ananasstücke

außerdem zum Bestreichen:
40 g geschmolzene Butter
1 TL Dijonsenf
1 TL Mohn
1/2 TL Zwiebelpulver
1 TL brauner Zucker

zusätzlich benötigt Ihr:
gehackte Petersilie zum Garnieren
Öl zum Ausstreichen der Schüssel

1 | Wasser, Hefe und Honig in den Mixtopf geben, **3 Minuten / 37°C / Stufe 2** erwärmen.

2 | Mehl, Salz und Öl zufügen, **5 Minuten / Teigstufe** kneten.

3 | Den Teig in eine mit Öl ausgestrichene Schüssel geben und 1 Stunde gehen lassen.

4 | Den Backofen auf 180°C Ober-/Unterhitze vorheizen. Ein Backblech mit Backpapier auslegen.

5 | Schmand mit Mayonnaise in einer kleinen Schüssel verrühren.

6 | Den Teig auf einer bemehlten Arbeitsfläche zu einem Rechteck von ca. 30 x 50 cm ausrollen, mit der Creme bestreichen. Dabei einen Rand von etwa 2,5 cm frei lassen.

7 | Käsescheiben darauflegen, darauf den Schinken und zum Abschluss die Ananaswürfel.

8 | Von der langen Seite her aufrollen und mit der Naht nach unten auf das vorbereitete Backblech legen.

9 | In einer kleinen Schüssel alle Zutaten zum Bestreichen verquirlen und dann großzügig über die Rolle streichen.

10 | Im heißen Ofen ca. 35 Minuten goldbraun backen. Sollte sie zu dunkel werden, abdecken.

11 | Mit gehackter Petersilie garnieren.

12 | Vor dem Schneiden 5 Minuten abkühlen lassen und warm servieren.

CHATSCHAPURI – GEFÜLLTES SCHIFFCHENBROT MIT KÄSE UND EI

Kennt Ihr das? Ihr probiert ein neues Gericht und denkt, das schmeckt so gut, wir müssen unbedingt mal dahinfahren, wo diese leckere Spezialität herkommt. Dort muss es einfach wundervoll sein! Chatschapuri ist so eine Spezialität. Leider waren wir noch nie in Georgien, haben dieses Reiseziel aber bereits auf unsere „Travel-List" gesetzt.

6 STÜCK
60 MINUTEN + WARTEZEIT

ZUTATEN:

Teig:
150 g Wasser
35 g Milch
1/2 Würfel Hefe oder 1 Pk. Trockenhefe
1 Prise Zucker
450 g Weizenmehl, Type 550 + etwas zum Bemehlen
1 TL Salz
65 g Naturjoghurt, 3,5 % Fett
30 g Olivenöl

zusätzlich benötigt Ihr:
3 Kugeln Mozzarella, klein geschnitten
100 g Gouda, gerieben
schwarzer Pfeffer
1 Prise Paprikapulver, edelsüß
6 Eier + 1 Ei (getrennt, zum Einstreichen), Größe M
Petersilie, klein gehackt
Öl zum Ausstreichen der Schüssel

1 | Wasser, Milch, Hefe und Zucker in den Mixtopf geben, **3 Minuten / 37°C / Stufe 2** erwärmen und 5 Minuten ruhen lassen.

2 | Die restlichen Teigzutaten hinzugeben, **5 Minuten / Teigstufe** kneten, in eine mit Öl ausgestrichene Schüssel umfüllen und eine Stunde ruhen lassen.

3 | Den Backofen auf 200°C Ober-/Unterhitze vorheizen. Zwei Backbleche mit Backpapier auslegen.

4 | Den Teig auf eine bemehlte Arbeitsfläche geben, in 6 gleich große Portionen teilen.

5 | Jede Teigportion zu einem Oval à ca. 15 x 25 cm ausrollen.

6 | Ein Eiweiß verquirlen und die Teigovale damit einstreichen.

7 | Den Teig an den Seiten einklappen und an den Spitzen festdrücken (ein Schiff formen) und auf die Backbleche setzen.

8 | Mozzarella und Gouda mischen und auf die Schiffchen verteilen.

9 | Mit schwarzem Pfeffer und Paprikapulver würzen.

10 | Die Ränder mit verquirltem Eigelb bestreichen.

11 | Im heißen Backofen 20–25 Minuten goldbraun backen.

12 | Herausnehmen und mit einem Löffel eine Mulde in der Mitte der Schiffchen formen. Jeweils ein Ei vorsichtig in die Mulde aufschlagen und weitere 5 Minuten in den Backofen geben, bis das Eiweiß fest, aber das Eigelb noch weich ist.

13 | Chatschapuri mit gehackter Petersilie bestreut servieren.

NAAN-BROT

„Mein Schatz und ich haben in Dubai dieses Brot lieben gelernt. Es hat eine so herrliche Konsistenz und feinen Geschmack. Die kleinen Fladen werden dort traditionell als Beilage zu den Gerichten serviert. Wir haben es in unserem Urlaub bereits zum Frühstück mit leckeren orientalischen Dips gegessen." (Manuela)

CA. 8 STÜCK
40 MINUTEN + WARTEZEIT

ZUTATEN:

150 g Milch
1,5 EL Zucker
20 g frische Hefe
500 g Weizenmehl, Type 550 + etwas zum Bemehlen
1/2 TL Salz
1 TL Backpulver
20 g Olivenöl
150 g Naturjoghurt, 3,5 % Fett
1 Ei, Größe L

zusätzlich benötigt Ihr:
Öl zum Ausreiben der Schüssel

1 | Milch, 1/2 EL Zucker und Hefe in den Mixtopf geben, **3 Minuten / 37°C / Stufe 2** erwärmen und 10 Minuten ruhen lassen.

2 | Mehl, Salz, Backpulver, Öl, Joghurt, Ei und restlichen Zucker zugeben, **10 Minuten / Teigstufe** kneten.

3 | Den Teig in eine mit Öl ausgeriebene Schüssel geben und abgedeckt 1 Stunde ruhen lassen.

4 | Den Teig auf eine mit Mehl bestäubte Arbeitsfläche geben und in etwa 8 gleich große Portionen teilen.

5 | Jede Teigportion rund ausrollen mit einem Durchmesser von etwa 25 cm.

6 | Eine Pfanne ohne Fett heiß werden lassen und einen Teigfladen hineingeben. Auf einer Seite backen, bis er Blasen wirft, dann umdrehen und die andere Seite bräunen.

7 | So auch mit den restlichen Teigportionen verfahren und warm genießen.

Naan-Brot schmeckt genial zu jeder Art von Curry oder zu allen Gerichten mit viel Sauce.

› Die fertigen Teigportionen können auch prima eingefroren werden, wenn man sie in Frischhaltefolie einwickelt. Vor der Verwendung etwa 1 Stunde auftauen lassen.

Knusprig,
saftig,
frisch!

NO-KNEAD-KÄSEBROT

Entschuldigung, ist hier schon belegt? Ja, und zwar mit Käse ;-) Dieses No-Knead-Käsebrot ist reinster Genuss: frisch und saftig mit Käsenote und schöner Kruste. Es passt super als Beilage zu Suppen, Salaten oder einfach als Vorspeise zum Dippen in bestem Olivenöl mit Fleur de Sel. Yummy!

1 BROT
60 MINUTEN + WARTEZEIT

ZUTATEN:

500 g Weizenmehl, Type 550 + etwas zum Bestäuben
1 TL Salz
1/2 TL Knoblauchgranulat
100 g Cheddar, gerieben
360 g Wasser
3 g frische Hefe

zusätzlich benötigt Ihr:

Käse zum Toppen
Mehl zum Bearbeiten
Öl zum Ausstreichen der Schüssel
Gusseisentopf mit Deckel, Ø 23 cm
Gärkörbchen oder Schüssel mit Küchenhandtuch

1 | Alle Zutaten in den Mixtopf geben, **1.5 Minuten / Teigstufe** kneten.

2 | Den Teig in eine geölte Schüssel geben und abgedeckt 16–18 Stunden bei Zimmertemperatur stehen lassen.

3 | Den weichen und auch klebrigen Teig auf eine gut mit Mehl bestäubte Arbeitsfläche geben. Den Teig selber leicht bemehlen und mit Hilfe einer Teigkarte mehrmals falten. Dabei darauf achten, dass Ihr möglichst wenig Luft aus dem Teig drückt.

4 | Einen runden Teigling formen und in ein Gärkörbchen oder in eine Schüssel mit einem Küchenhandtuch ausgelegt mit dem Schluss nach unten hineingeben.

5 | Abdecken und nochmal 90 Minuten ruhen lassen.

6 | Nach 60 Minuten Gehzeit den Backofen samt des Gusseisentopf auf 250°C Ober-/Unterhitze aufheizen.

7 | Den Gusseisentopf (Vorsicht heiß!) aus dem Ofen nehmen und die Temperatur auf 240°C reduzieren.

8 | Den Teigling hineinplumpsen lassen, nach Wunsch etwas geriebenen Käse daraufgeben und den Deckel aufsetzen, 30 Minuten backen.

9 | Den Deckel abnehmen und ca. weitere 20 Minuten bis zur gewünschten Bräune backen.

10 | Vor dem Anschnitt vollständig abkühlen lassen.

HOTDOG-PARTYZOPF

Im Hause Herzfeld gibt es keinen Spieleabend ohne diesen Partyzopf. Wir haben ihn einmal für unsere Freunde gemacht und seitdem wünschen sie ihn sich regelmäßig, wenn wir uns treffen. Dabei ist er so einfach in der Zubereitung, aber dafür mit großer Wirkung.

CA. 12 STÜCKE
60 MINUTEN + WARTEZEIT

ZUTATEN:

Teig:
250 g Wasser
15 g frische Hefe
500 g Weizenmehl, Type 550 + etwas zum Bemehlen
1 TL Salz
40 g Olivenöl

Hotdog-Sauce:
140 g Tomatenketchup
100 g Mayonnaise, selbstgemacht oder gekauft
50 g Dijonsenf
15 g Honig
1 gute Prise brauner Zucker
1 TL Balsamicoessig, hell
jeweils 1 Prise Chilipulver, Paprika, edelsüß und Paprika, geräuchert

Füllung:
12 Hotdog-Würstchen
100 g Cheddar-Gouda-Mix, gerieben
75 g Röstzwiebeln
180 g eingelegte dänische Gurkenscheiben, gut abgetropft

zusätzlich benötigt Ihr:
1 Ei, Größe M zum Bestreichen

› Übrig gebliebene Sauce als Dip dazu reichen.

TEIG:

1 | Wasser und Hefe in den Mixtopf geben, **3 Minuten / 37°C / Stufe 2** erwärmen.

2 | Mehl, Salz und Öl zufügen, **5 Minuten / Teigstufe** kneten.

3 | Den Teig in eine Schüssel umfüllen und 1 Stunde gehen lassen.

SAUCE:

4 | Alle Zutaten in den Mixtopf geben, **10 Sekunden / Stufe 4** verrühren, anschließend **5 Minuten / 80°C / Stufe 1** erhitzen.

5 | Nochmal abschmecken und umfüllen.

FERTIGSTELLEN:

6 | Den Backofen auf 200°C Ober-/Unterhitze vorheizen. Ein Backblech mit Backpapier auslegen.

7 | Den Teig auf eine bemehlte Arbeitsfläche geben und zu einem Rechteck von ca. 35 x 50 cm ausrollen.

8 | Nun die Füllung mittig platzieren. Dazu die Hälfte der Käsemischung mittig daraufgeben.

9 | Je 3 Würstchen, in 2 Reihen, nebeneinander in der Mitte auf dem Teig verteilen. Darauf 2–3 EL Sauce, Gurkenscheiben und Röstzwiebeln geben.

10 | Den Vorgang wiederholen.

11 | Den überstehenden Teig an beiden Seiten im Abstand von 1,5–2 cm einschneiden. Die entstandenen Teigstreifen abwechselnd über die Füllung legen. Die Enden verschließen.

12 | Mit dem verquirlten Ei bestreichen und im heißen Ofen ca. 30 Minuten goldbraun backen.

Der Hotdog-
Partyzopf schmeckt
warm und kalt.

People who
love
to eat
are always
the best
people.

Julia Child

SCHARFER ERDNUSS-DIP UND KNOBLAUCH-MINZ-DIP

Manchmal verbergen sich in den kleinsten Schüsseln auf dem Buffet die größten Aromen. Dips sind solche kleinen Geschmackswunder, mit ihren herrlich wandelbaren und vielfältigen Aromen. Und noch dazu sind sie ruckzuck zubereitet und verwandeln Cracker, Brot, Gemüsesticks und Co. in raffinierte Leckerbissen.

JEWEILS CA. 6 PORTIONEN
5 MINUTEN + ZIEHZEIT

ZUTATEN:

Scharfer Erdnuss-Dip:

1 Knoblauchzehe
150 g stückige Erdnussbutter
110 g cremige Kokosmilch
1/2 – 1 TL Sambal Oelek
2 EL Sojasauce
1 TL Ingwerpulver
1 EL Limettensaft
1 Handvoll Erdnüsse

Knoblauch-Minz-Dip:

1 Bund Minze, Blätter abgezupft
2 Knoblauchzehen
1 Schalotte
250 g griechischer Joghurt
1 EL Zitronensaft
1 EL Olivenöl
1/2 TL Salz
1/2 TL Chilipulver
1 Prise Zucker

SCHARFER ERDNUSS-DIP:

1 | Knoblauchzehe in den Mixtopf geben, **5 Sekunden / Stufe 5** zerkleinern.

2 | Mit dem Spatel alles vom Rand nach unten schieben.

3 | Erdnussbutter, Kokosmilch, Sambal Oelek, Sojasauce, Ingwer und Limettensaft zugeben, **20 Sekunden / Stufe 3** verrühren.

4 | Dip mit Erdnüssen bestreuen und z.B. zum Naan-Brot (s. S. 38) servieren.

KNOBLAUCH-MINZ-DIP:

1 | Minze, Knoblauchzehen und Schalotte in den Mixtopf geben, **3 Sekunden / Stufe 8** zerkleinern.

2 | Mit dem Spatel alles vom Rand nach unten schieben.

3 | Restliche Zutaten zugeben, **20 Sekunden / Stufe 3** verrühren.

4 | Dip umfüllen und mindestens 1 Stunde im Kühlschrank ziehen lassen.

5 | Nochmal abschmecken und z.B. zum Naan-Brot (s. S. 38) mit Minze garniert servieren.

CURRY-MANGO-CREME

Die Snack-Welt teilt sich in zwei Lager: süß oder herzhaft. Zu welchem gehört Ihr? Egal, denn dank dieser Curry-Mango-Creme müsst Ihr Euch nicht mehr positionieren. Wir haben sie bei unserem türkischen Feinkostladen entdeckt – einfach nur lecker. Für den Fall, dass wir mal keine Zeit haben, dorthin zu fahren, haben wir uns als Alternative diese Creme selber kreiert.

4 – 6 PORTIONEN
10 MINUTEN + MIND.
2 STUNDEN WARTEZEIT

ZUTATEN:

15 g gehobelte Mandeln
1 Frühlingszwiebel
250 g Doppelrahmfrischkäse
1 TL Currypulver
1/4 TL Senfpulver
80 g Mango-Chutney, selbstgemacht oder aus dem Glas

1 | Mandeln in der Pfanne ohne Fett rösten und beiseite stellen.

2 | Frühlingszwiebel in feine Ringe schneiden.

3 | Frischkäse, Curry- und Senfpulver mit Mango-Chutney in den Mixtopf geben, **35 Sekunden / Stufe 3** verrühren.

4 | Umfüllen, mit Mandeln und Frühlingszwiebeln bestreuen und für mindestens 2 Stunden, am besten über Nacht, kühl stellen.

5 | Mit Crackern oder Brot servieren.

KNOBLAUCHSAUCE À LA PAPA JO

Regel Nummer 1: Lasst Euch von niemandem vorschreiben, wie viel Knoblauch in diese Sauce kommt! Das entscheidet ganz alleine Euer Herz und vielleicht zu einem kleinen Teil auch noch Euer Partner, der in der Nacht schließlich noch neben Euch liegen muss. ;-)

CA. 350 ML
5 MINUTEN

ZUTATEN:

4 Knoblauchzehen
1/4 TL Salz
20 g Mayonnaise, selbstgemacht oder gekauft
160 g Naturjoghurt
1 Spritzer Zitronensaft
1 Prise Zucker
1 TL 8-Kräuter-TK-Mix
1/4 TL Dijonsenf

1 | Knoblauchzehen in den Mixtopf geben, **5 Sekunden / Stufe 5** zerkleinern.

2 | Restliche Zutaten zugeben, **30 Sekunden / Stufe 3** mischen.

3 | Sauce in eine Flasche umfüllen und mindestens 2 Stunden im Kühlschrank ziehen lassen.

› Wenn Ihr 100 g Quark oder Frischkäse unterrührt, habt Ihr einen tollen Dip für Cracker, Gemüse und Co.
› Die Knoblauchmenge könnt Ihr nach Belieben anpassen.

CAMEMBERT-DIP

Alles Käse – alles gut! Unsere Freunde haben sich zum Serienabend angekündigt. Da sie absolute Käseliebhaber sind, haben wir uns vorher extra für sie einen würzigen Käsesnack ausgedacht. Ein voller Erfolg: Während wir „Gossip Girls" angesehen haben, haben wir diesen Dip gemeinsam mit Crackern vernascht.

CA. 4 PORTIONEN
5 MINUTEN

ZUTATEN:

50 g getrocknete Tomaten
5 Blätter Basilikum
50 g Mayonnaise, selbstgemacht oder gekauft
50 g Doppelrahmfrischkäse
1 EL Olivenöl
1/4 TL Paprikapulver, edelsüß
1 Spritzer Zitronensaft
100 g Camembert, in Stücken
1 Frühlingszwiebel (den weißen Teil davon), in Ringe geschnitten
Salz und Pfeffer aus der Mühle

1 | Tomaten und Basilikum in den Mixtopf geben, **5 Sekunden / Stufe 8** zerkleinern und umfüllen.

2 | Mayonnaise, Frischkäse, Öl, Paprika und Zitronensaft in den Mixtopf geben, **40 Sekunden / Stufe 3.5** verrühren.

3 | Camembert in Stücken, Frühlingszwiebel und Tomaten-Basilikum-Mix zugeben, **20 Sekunden / Stufe 4** unterrühren.

4 | Mit Salz und Pfeffer abschmecken.

Der Dip hält sich im Kühlschrank etwa 1 Woche.

PIZZABROT-AUFSTRICH

Wir lieben Pizza in allen Variationen – ob groß, klein, vegetarisch oder mit Fleisch. Deshalb haben wir uns überlegt: Wie toll wäre es, wenn wir diesen herrlich herzhaften Geschmack von Pizza einfach immer und überall naschen könnten, wenn wir Lust dazu haben. So entstand dieser leckere Aufstrich, der zum Pausenbrot genauso wie zum Spieleabend passt.

4 PORTIONEN
5 MINUTEN + KÜHLZEIT

ZUTATEN:

1/2 Bund Basilikum
1 kleine rote Chilischote, Kerne entfernt
50 g Mozzarella, gerieben
200 g Schmand
60 g Frischkäse
1/2 TL italienische Kräuter, getrocknet
1/4 TL Paprikapulver, edelsüß
1 gelbe Paprikaschote, gewürfelt
150 g Salami oder Schinken, klein geschnitten
Salz und Pfeffer

1 | Basilikumblätter und Chilischote in den Mixtopf geben, **3 Sekunden / Stufe 8** zerkleinern. Mit dem Spatel alles vom Rand nach unten schieben.

2 | Mozzarella, Schmand, Frischkäse, Kräuter und Paprikapulver zugeben, **10 Sekunden / Stufe 2** verrühren.

3 | Gelbe Paprikawürfel und Salami mit dem Spatel unterheben und Creme mit Salz und Pfeffer abschmecken.

4 | 1 Stunde kühlen und mit frischem Brot genießen.

ERBSEN-BASILIKUM-DIP

Häufig verbinden wir mit Essen wunderschöne Erinnerungen, so auch mit diesem Dip. Wir haben ihn zusammen beim Shooting für unser Buch vernascht. Es tat so gut, während der anstrengenden, aber schönen Fotosession gemeinsam diese kleine Auszeit zu genießen. Die Idee zu diesem herrlich cremigen und frischen Dip hatte unsere liebe Freundin Sevgi.

CA. 4 PORTIONEN
3 MINUTEN

ZUTATEN:

100 g Parmesan, in Stücken
30 g Basilikumblätter
300 g TK-Erbsen
50 g Pistazien, ungesalzen und geschält
2 Knoblauchzehen
50 g Olivenöl
1/2 TL Salz
2 Prisen Pfeffer

zusätzlich benötigt Ihr:
1 TL Sesam, schwarz

1 | Parmesan in den Mixtopf geben, **10 Sekunden / Stufe 10** zerkleinern.

2 | Restliche Zutaten zugeben, **30 Sekunden / Stufe 7** mixen.

3 | Mit dem Spatel alles vom Rand nach unten schieben und weitere **15 Sekunden / Stufe 5** verrühren.

4 | Dip in eine Schale umfüllen und mit schwarzem Sesam bestreut servieren.

PFEFFERRAHMSAUCE

Männer und Steaks – eine ganz große Liebe! Sie brauchen meist nur ein wenig Steakgewürz dazu und schon sind sie zufrieden. Wir hingegen lieben unser zartes Fleisch mit ganz viel Sauce. Ein Glück, dass in dieser Geschmacksfrage schnell ein zufriedenstellender Kompromiss für alle gefunden werden kann: Keine Sauce für die Herren, dafür mehr Sauce für uns!

4 PORTIONEN
15 MINUTEN

ZUTATEN:

1–2 TL bunter Pfeffer
1 Schalotte
30 g Butter
30 g Mehl
250 g Rinderfond
1 TL Majoran
1,5 TL Sojasauce
100 g Sahne
Salz

1 | Pfefferkörner in den Mixtopf geben, **3 Sekunden / Stufe 8** zerkleinern. Mit dem Spatel alles vom Rand runterschieben.

2 | Schalottenhälften zufügen, **5 Sekunden / Stufe 5** zerkleinern. Wieder mit dem Spatel alles von Rand runterschieben.

3 | Butter zugeben, **3 Minuten / 120°C / Stufe 1** dünsten.

4 | Mehl zugeben, **2 Minuten / 100°C / Stufe 1** dünsten.

5 | Rinderfond, Majoran, Sojasauce und Sahne hinzugeben, **7 Minuten / 100°C / Stufe 2** aufkochen.

6 | Sauce nochmal abschmecken.

› Die Sauce kann in der Schärfe variiert werden, je nachdem, wie viel Pfeffer Ihr zugebt.

GEBACKENER KNOBLAUCHDIP

Regel Nummer 2: Zu viel Knoblauch gibt es nicht! Dieser gebackene Knoblauchdip ist sowieso viel zu schade um auch nur einen Gedanken an späteren Knoblauch-Atem zu verschwenden. Wer diesen Gedanken trotzdem nicht ganz ausblenden kann: Durch das Backen verliert die Knolle ein wenig vom Geruch und ihrer Schärfe. Der Geschmack geht sogar leicht ins Süßliche.

4 – 5 PORTIONEN
30 MINUTEN

ZUTATEN:

1 Knoblauchknolle
1 TL Olivenöl
300 g Doppelrahmfrischkäse
200 g Schmand
120 g Naturjoghurt
60 g Mayonnaise, selbstgemacht oder gekauft
2 EL Zitronensaft
1 TL Paprikaflocken (Pul Biber)
1,5 TL grüner Tabasco®
Salz und Pfeffer

1 | Den Backofen auf 200°C Ober-/Unterhitze vorheizen.

2 | Die Knoblauchknolle schälen, aber im Ganzen lassen.

3 | Das obere Viertel abschneiden, sodass alle Zehen nach oben hin offen sind.

4 | Mit Olivenöl beträufeln, in Alufolie einpacken und im heißen Ofen ca. 25 Minuten backen.

5 | Anschließend etwas abkühlen lassen, den Knoblauch aus der Knolle drücken und zusammen mit allen anderen Zutaten in den Mixtopf geben und **20 Sekunden / Stufe 4** mixen.

6 | Mit Salz und Pfeffer abschmecken.

Grüner Tabasco® ist milder als der rote.

Esst mehr von dem, was Euch glücklich macht.

KÖNIGSBUTTER – MACADAMIABUTTER

Stellt Euch vor, Ihr sitzt an einem wunderschön gedeckten Frühstückstisch und köstlicher Kaffeeduft liegt in der Luft. Nun schließt Eure Augen und beißt in einen knusprigen Toast, der mit dieser herrlichen Macadamiabutter bestrichen und Beeren belegt ist. Das sind Genießermomente, die einem den Alltag versüßen.

1 GLAS, CA. 300 G
10 MINUTEN + WARTEZEIT

ZUTATEN:
300 g Macadamianüsse
1 Prise Meersalz

1 | Macadamianüsse in den Mixtopf geben, **20 Sekunden / Stufe 10** zerkleinern.

2 | Mit dem Spatel alles vom Topfrand nach unten schieben, weitere **1 Minute / Stufe 5** rühren.

3 | Masse 5 Minuten ruhen lassen, dann **3 Minuten / Stufe 3.5** rühren.

4 | Die Macadamianüsse sollten jetzt weich und cremig sein, nahezu eine flüssige Konsistenz haben.

5 | Meersalz zugeben und nochmal **30 Sekunden / Stufe 3.5** unterrühren.

6 | Die Macadamiabutter in ein Glas geben und im Kühlschrank aufbewahren.

› Im Kühlschrank wird die Butter etwas fester.

SCHOKOLADEN-HUMMUS

Bei dem Gedanken an dieses Rezept müssen wir immer noch herzhaft lachen. Die Gesichter unserer Männer, als sie hörten, dass sie gerade Kichererbsen gegessen haben – unbezahlbar. Denn „normales" Hummus zählt nicht zu ihren Favoriten und normalerweise würden sie es niemals anrühren. Doch wir Frauen sind ja clever! Und zack, nun mögen sie auch Hummus.

4 – 6 PORTIONEN
5 MINUTEN

ZUTATEN:

1 Dose Kichererbsen, vorgegart,
250 g Abtropfgewicht
40 g Backkakao
2 Datteln, frisch, entkernt
50 g Mandelbutter, selbstgemacht oder gekauft
2 EL Ahornsirup
1 TL Vanilleextrakt
120 g Milch
1 Prise Salz

zusätzlich benötigt Ihr:

Ahornsirup
gehackte Schokolade
Granatapfelkerne

1| Alle Zutaten für den Hummus in den Mixtopf geben, **40 Sekunden / Stufe 8** pürieren. Mit dem Spatel alles vom Rand nach unten schieben, nochmal **30 Sekunden / Stufe 8** pürieren, anschließend **45 Sekunden / Stufe 4** cremig rühren.

2| Schokoladen-Hummus abschmecken und nach Belieben noch Ahornsirup zugeben.

3| Hummus mit ein paar Tropfen Ahornsirup, gehackter Schokolade und Granatapfelkernen servieren.

Familie ist, wo Leben beginnt und Liebe niemals endet.

SCHWEINEFILET-GRATIN MIT APFEL-CURRY-SAUCE

Wenn wir Freunde zu Besuch haben, gibt es in unserem Haus nur zwei Regeln: 1. Niemand verlässt uns hungrig. 2. Wir möchten eine schöne Zeit mit unseren Gästen verbringen! Dieses Gericht vereint beides auf ideale Weise! Es lässt sich wunderbar vorbereiten, sodass niemand lange in der Küche stehen muss und ist zudem auch noch lecker fruchtig.

4 PORTIONEN
45 MINUTEN

ZUTATEN:

2 Äpfel, z.B. Pink Lady
800 g Schweinefilet, in 2 cm dicke Scheiben geschnitten
Salz und Pfeffer
200 g Kochsahne, 15 % Fett
50 g klarer Apfelsaft
50 g Crème Fraîche
40 g Tomatenmark
2 TL Currypulver
1 TL Speisestärke in etwas Wasser angerührt
150 g Gouda, gerieben

zusätzlich benötigt Ihr:
Butterschmalz zum Anbraten
Butter für die Auflaufform
Auflaufform

1 | Den Backofen auf 200°C Ober-/Unterhitze vorheizen. Eine Auflaufform fetten.

2 | Äpfel schälen, das Kerngehäuse mit einem Apfelausstecher entfernen und in Scheiben schneiden.

3 | Schweinefilet in der Pfanne von beiden Seiten in Butterschmalz anbraten und mit Salz und Pfeffer würzen, in die Auflaufform legen.

4 | Apfelscheiben zwischen den Filetscheiben einschichten.

5 | Sahne, Apfelsaft, Crème Fraîche, Tomatenmark, Curry und angerührte Speisestärke in den Mixtopf geben, **5 Sekunden / Stufe 3** verrühren, dann **4.5 Minuten / 100°C / Stufe 2** aufkochen und über die Schweinefilets geben. Den Käse darüber verteilen und im heißen Ofen für ca. 25 Minuten backen.

› Dazu passt Reis ganz wunderbar, den Ihr parallel im Thermomix® zubereiten könnt, während das Fleisch im Ofen gart.

STAUB

Dazu passt Reis!

ASIATISCHER BROKKOLI MIT STEAKSTREIFEN

Wie aufregend anders das grüne Kohlgemüse schmecken kann, haben wir in den USA kennen und lieben gelernt. In diesem Rezept trifft saftiges Rindfleisch auf fernöstliche Aromen. Einfach köstlich! Dies war übrigens das erste Rezept, das wir für unser neues Kochbuch zubereitet haben.

4 PORTIONEN
40 MINUTEN

ZUTATEN:

500 g warmes Wasser
1 Brokkoli, in kleine Röschen geteilt
Salz und Pfeffer aus der Mühle
2 Knoblauchzehen
20 g Sesamöl + zum Anbraten
450 g Rindersteak, in dünne Streifen geschnitten
240 g Rinderfond
100 g Sojasauce
80 g Honig
30 g Balsamicoessig, hell
1/2 TL Ingwerpulver
1/2 TL Sambal Oelek
1 Prise Chiliflocken
50 g brauner Zucker
2 EL Speisestärke
2 EL Wasser

zusätzlich benötigt Ihr:
Sesam zum Bestreuen

1 | Wasser in den Mixtopf geben, Varoma-Behälter aufsetzen, Brokkoli in kleinen Röschen einwiegen und mit Salz und Pfeffer würzen.

2 | Varoma verschließen, **15 Minuten / Varoma / Stufe 1** vorgaren.

3 | Varoma abnehmen und zur Seite stellen. Den Mixtopf leeren und trocknen.

4 | Knoblauch in den Mixtopf geben und **3 Sekunden / Stufe 8** zerkleinern.

5 | Mit dem Spatel alles vom Rand nach unten schieben.

6 | 20 g Sesamöl zugeben, **2 Minuten / 120°C / Stufe 1** dünsten.

7 | Rinderfond, Sojasauce, Honig, Balsamico, Ingwer, Sambal Oelek, Chiliflocken und braunen Zucker zugeben, **6 Minuten / 100°C / Stufe 1** aufkochen.

8 | Stärke mit Wasser anrühren, in den Mixtopf zugeben, Varoma wieder aufsetzen und nochmal **4 Minuten / Varoma / Stufe 1** erhitzen.

9 | Während dieser Zeit das Fleisch in einer Pfanne mit 2 EL Sesamöl scharf anbraten und mit Salz und Pfeffer würzen.

10 | Brokkoli und die Sauce aus dem Mixtopf dazugeben, alles gut vermischen und mit Sesam bestreut servieren.

KNOBLAUCH-STEAK-HAPPEN

Schnell, einfach und dann auch noch lecker – was könnte man von seinem Essen mehr erwarten! Abwechslung? Kein Problem! Diese superleckeren Knoblauch-Steak-Happen könnt Ihr als einfache Mahlzeit mit Kartoffelpüree oder als Partysnack genießen.

4 PORTIONEN
15 MINUTEN

ZUTATEN:

1 EL Olivenöl
800 g Rindersteak, in Würfel geschnitten
1/2 TL Salz
1/2 TL Pfeffer
3 Knoblauchzehen
2 EL Butter, ca. 30 g
1/4 TL Chiliflocken
1 EL Petersilie, gehackt

1 | Olivenöl in der Pfanne erhitzen.

2 | Wenn das Öl schön heiß ist, die Steakwürfel zugeben und mit Salz und Pfeffer würzen. Erst verrühren, wenn die Unterseite schon schön gebräunt ist.

3 | Sollte die Pfanne nicht groß genug sein, in 2 Durchgängen braten, da es sonst zu sehr wässert.

4 | Steakwürfel herausnehmen und warmhalten.

5 | Knoblauchzehen in den Mixtopf geben, **5 Sekunden / Stufe 5** zerkleinern. Mit dem Spatel alles vom Rand nach unten schieben.

6 | Butter und Chiliflocken zugeben, **3 Minuten / 120°C / Stufe 1** dünsten.

7 | Knoblauchbutter über die Steakwürfel geben und mit Petersilie bestreut servieren.

Dazu passen Reis, Pommes oder einfach nur Baguette.

HOME
&
GARDEN

BŒUF STROGANOFF IN RAHMSAUCE

Das größte Glück für uns: Wenn sich die ganze Familie zum gemeinsamen Essen trifft und wir unsere Neuigkeiten austauschen. Obwohl wir solche Gelegenheiten gern nutzen, um neue Gerichte auszuprobieren, gibt es diese besonderen Rezepte, die immer und immer wieder auf unserem Familientisch landen, wie dieses Bœuf Stroganoff.

4 PORTIONEN
30 MINUTEN

ZUTATEN:

500 g Rinderfilet, in Streifen geschnitten
etwas Mehl zum Bestäuben
3 EL Butterschmalz
Salz und schwarzer Pfeffer
150 g Schalotten
100 g Cornichons + ein Schluck vom Gurkenwasser
1 EL brauner Zucker
1 EL Dijonsenf
1 TL Tomatenmark
1 TL Paprika, edelsüß
1,5 TL Gemüsebrühpulver
300 g Rinderfond
100 g Sahne
150 g Schmand
250 g kleine Champignons, halbiert
1 EL Speisestärke mit etwas Wasser angerührt

zusätzlich benötigt Ihr:
1/2 Bund Petersilie, gehackt
Schmortopf

1 | Das Rinderfilet in Streifen schneiden und mit Mehl bestäuben.

2 | 2 EL Butterschmalz in einem Schmortopf erhitzen und das Fleisch portionsweise bei hoher Hitze rundherum kurz und scharf anbraten.

3 | Mit Salz und Pfeffer würzen und zur Seite stellen, warmhalten.

4 | In der Zwischenzeit Schalottenhälften und Cornichons in den Mixtopf geben, **2 Sekunden / Stufe 4** zerkleinern. Mit dem Spatel vom Rand nach unten schieben.

5 | 1 EL Butterschmalz und Zucker zugeben, **5 Minuten / 120°C / Stufe 1** ohne eingesetzten Messbecher dünsten.

6 | Senf, Tomatenmark, Paprika, Gemüsebrühpulver, Rinderfond und Gurkenwasser hinzufügen, **12 Minuten / 100°C / Linkslauf / Stufe 1** ohne Messbecher kochen. Spritzschutzdeckel oder das Garkörbchen als Spritzschutz aufsetzen.

7 | Messbecher wieder in den Mixtopf einsetzen.

8 | Sahne, Schmand, Champignons und angerührte Speisestärke zugeben, **5 Minuten / 95°C / Linkslauf / Stufe 1** unterrühren.

9 | Die Sauce zum Rinderfilet in den Topf geben, nochmal mit Salz und Pfeffer abschmecken.

10 | Mit Petersilie bestreut servieren.

› Hierzu passen prima Kartoffeln, Pommes, Kroketten und auch Reis.

STAUB

GYROS-LASAGNE

Mit Gyros-Rezepten verhält es sich ähnlich wie mit Liebessongs – von beiden kann es nie genug geben. So haben wir schon unzählige Gyros-Rezepte zubereitet und doch wieder ein neues entdeckt: die Gyros-Lasagne! Diese Kombination aus Nudeln mit frischem Gemüse ist eine wunderbare Alternative zu Reis oder Fladenbrot. Wir lieben es!

4 – 6 PORTIONEN
70 MINUTEN + MARINIERZEIT

ZUTATEN:

750 g Schweinefilet
50 g Olivenöl
2-3 EL Gyrosgewürz, selbstgemacht (siehe rechts) oder gekauft
1 Zucchini
1 Paprikaschote, gelb
150 g Champignons
4 Tomaten
2 Knoblauchzehen
60 g Butter
50 g Mehl
250 g Kochsahne, 15 % Fett
200 g Schmand
200 g Wasser
250 g Milch
1 EL Tomatenmark
1 EL Gemüsebrühpulver
1 TL Thymian, getrocknet
1/2 TL Salz
1/4 TL Pfeffer
200 g Käse, gerieben
9 Lasagneplatten

zusätzlich benötigt Ihr:
Auflaufform, ca. 20 x 27 cm

1 | Das Schweinefilet in Streifen schneiden, mit Olivenöl und dem Gyrosgewürz mischen.

2 | Mindestens 1 Stunde marinieren, gerne auch über Nacht in den Kühlschrank geben.

3 | Backofen auf 200°C Ober-/Unterhitze vorheizen. Eine Auflaufform fetten.

4 | Gyros in einer Pfanne anbraten.

5 | Zucchini in Scheiben schneiden und halbieren. Paprika entkernen und würfeln. Champignons und Tomaten in Scheiben schneiden.

6 | Knoblauch in den Mixtopf geben, **5 Sekunden / Stufe 5** zerkleinern.

7 | Mit dem Spatel alles vom Rand runterschieben.

8 | Butter zugeben, **3 Minuten / 120°C / Stufe 1** andünsten.

9 | Mehl hinzufügen, **2 Minuten / 100°C / Stufe 1** erhitzen.

10 | Sahne, Schmand, Wasser, Milch, Tomatenmark, Gemüsebrühpulver, Thymian, Salz und Pfeffer zugeben, **10 Minuten / 100°C / Stufe 1** aufkochen.

11 | Etwas Sauce in die Auflaufform geben.

12 | 3 Lasagneplatten darauflegen.

13 | Gyros, Zucchini, Paprika und Champignons und übrige Lasagneplatten abwechselnd mit der Sauce einschichten.

14 | Mit Lasagneplatten und Sauce abschließen. Käse darüber verteilen. Auflaufform mit Folie verschließen, 20 Minuten backen.

15 | Folie abnehmen und weitere 20–25 Minuten goldbraun überbacken.

IDEAL FÜR GYROS, SOUVLAKI UND CO.

GYROSGEWÜRZ EINFACH SELBSTGEMACHT:

1 Glas:

8 TL Oregano, getrocknet
4 TL Thymian, getrocknet
2 TL Paprika, edelsüß
1 TL Kreuzkümmelpulver
2 TL Zwiebeln, granuliert
2 TL Rosmarin, getrocknet
1 TL Korianderpulver
3 TL Salz
2 TL schwarzer Pfeffer
1 TL Knoblauchgranulat
1 TL Chiliflocken
1 Msp. Zimt
2 TL Zucker

Alle Zutaten in den Mixtopf geben, **20 Sekunden / Stufe 8** mixen und in einem verschließbaren Glas aufbewahren.

FISH & CHIPS MIT ERBSENPÜREE

Auf die inneren Werte kommt es an. Ja, auch beim Essen! Denn die Qualität spielt beim Geschmack eine große Rolle und verwandelt einfaches Fast Food in wohltuendes Slow Food. Achtet deshalb beim Kauf am besten darauf, dass der Fisch aus nachhaltiger Fischerei stammt. Wenn dann der Backteig den Fisch noch luftig umschließt und die Pommes außen schön kross und innen herrlich kartoffelig sind – einfach lecker!

4 PORTIONEN
45 MINUTEN + WARTEZEIT

ZUTATEN:

Erbsenpüree:
200 g TK-Erbsen
25 g Butter
1 kleine Handvoll frische Minze
1 guter Spritzer Zitronensaft
50 g Wasser
Salz und Pfeffer aus der Mühle

Kartoffelstäbchen:
1 kg Kartoffeln, geschält und in Stäbchen geschnitten
500 g warmes Wasser
1 TL Salz

Fisch:
200 g Mehl
1 TL Salz
1 TL Backpulver
1 gute Prise Kurkuma
280 g helles Bier
600 g Kabeljaufilet
Salz und Pfeffer
Mehl zum Bestäuben
2 l neutrales Öl zum Ausbacken
Mehl zum Bestäuben

zusätzlich benötigt Ihr:
Zitronenscheiben
gehackte Petersilie

ERBSENPÜREE:

1 | Erbsen, Butter, Minze, Zitronensaft und Wasser in den Mixtopf geben, **6 Minuten / 120°C / Stufe 1** garen, anschließend **5 Sekunden / Stufe 6** pürieren. Mit Salz und Pfeffer abschmecken.

KARTOFFELSTÄBCHEN:

2 | Kartoffelstäbchen in den Varoma-Behälter legen.

3 | Wasser mit 1 TL Salz in den Mixtopf geben, Varoma aufsetzen, Kartoffelstäbchen **10 Minuten / Varoma / Stufe 1** vorgaren.

4 | Varoma-Behälter abnehmen, Kartoffelstäbchen gut ausdampfen lassen, bis sie richtig trocken sind.

5 | In einer Fritteuse oder tiefen Pfanne Öl erhitzen und die Kartoffelstäbchen bei 180°C goldgelb frittieren und anschließend salzen.

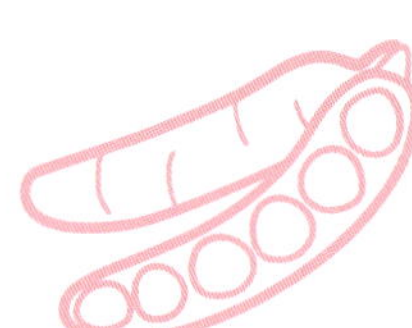

FISCH:

6 | Mehl, Salz, Backpulver, Kurkuma und Bier in den Mixtopf geben, **15 Sekunden / Stufe 4** verrühren.

7 | Den Teig umfüllen und ca. 30 Minuten quellen lassen.

8 | Öl in einem Topf oder einer tiefen Pfanne erhitzen. Es ist heiß genug, sobald an einem Holzstäbchen Bläschen aufsteigen.

9 | Kabeljaufilets in mundgerechte Stücke schneiden, salzen und pfeffern.

10 | Mit etwas Mehl bestäuben, in den Teig eintunken, portionsweise vorsichtig in das heiße Öl geben und etwa 4 Minuten rundherum goldbraun frittieren.

11 | Auf einem Küchenpapier gut abtropfen lassen.

12 | Fischnuggets zusammen mit Erbsenpüree und Kartoffelstäbchen anrichten.

13 | Mit Petersilie und Zitronenscheiben garnieren.

Wenn Kinder mitessen, könnt Ihr problemlos das helle Bier gegen ein alkoholfreies tauschen.

› Die Cracker-Kruste passt wunderbar zu Aufläufen jeglicher Art.

KARTOFFEL-GRATIN MIT BROKKOLI UND CRACKER-KRUSTE

Erst kommt der Crunch und dann wird's cremig. Dieses Kartoffelgratin zu essen ist ein echtes Vergnügen. Wenn es nach der Familie ginge, würden wir von nun an auf jeden Auflauf diese Cracker-Kruste geben. Und wir versprechen Euch: Dank dieses herzhaft-knusprigen Toppings werden Eure Kinder noch zu echten Gemüseliebhabern!

---

4 PORTIONEN
60 MINUTEN

ZUTATEN:

Cracker-Kruste:

50 g Butter
80 g salzige Cracker
40 g Parmesan, gerieben
1 kleine Handvoll Petersilie

Kartoffel-Gratin:

500 g Kartoffeln, festkochend, in Scheiben geschnitten
1 Brokkoli, in Röschen geteilt
600 g warmes Wasser
1 TL Gemüsebrühpulver
1 rote Zwiebel
2 Knoblauchzehen
40 g Butter
100 g Schinken (Kochschinken, Bacon oder Schinkenwürfel)
200 g Sahne
100 g aufgefangene Gemüsebrühe
3 EL Petersilie, gehackt
1 TL Oregano, getrocknet
1 gestr. TL Salz
3/4 TL schwarzer Pfeffer
1 TL Paprikapulver, edelsüß
2 Eier, Größe M
50 g Mozzarella, gerieben

zusätzlich benötigt Ihr:

Auflaufform

CRACKER-KRUSTE:

1 | Butter in den Mixtopf geben, **3 Minuten / 60°C / Stufe 1** schmelzen.

2 | Cracker, Parmesan und Petersilie zugeben, **6 Sekunden / Stufe 8** zerkleinern und umfüllen.

3 | Mixtopf spülen.

KARTOFFEL-GRATIN:

4 | Den Backofen auf 180°C Umluft vorheizen. Eine Auflaufform fetten.

5 | Geschälte Kartoffeln in den Gareinsatz und Brokkoli in den Varoma-Behälter legen.

6 | Wasser und Gemüsebrühpulver in den Mixtopf geben, Gareinsatz einhängen und Varoma aufsetzen, **18 Minuten / Varoma / Stufe 1** garen. Anschließend Kartoffeln und Brokkoli in die Auflaufform umfüllen.

7 | Mixtopf leeren und die Garflüssigkeit dabei auffangen. Mixtopf trocknen.

8 | Zwiebelhälften und Knoblauchzehen in den Mixtopf geben, **5 Sekunden / Stufe 5** zerkleinern. Mit dem Spatel vom Rand nach unten schieben.

9 | Butter und Schinken zufügen, **3 Minuten / 120°C / ⟲ Linkslauf / Stufe 1** dünsten.

10 | Sahne und 100 g der aufgefangenen Gemüsebrühe mit Petersilie, Oregano, Salz, Pfeffer und Paprika zugeben, **5 Minuten / 100°C / ⟲ Linkslauf / Stufe 1** aufkochen.

11 | Sauce auf 50°C abkühlen lassen (damit die Eier nicht stocken), dann die Eier und Mozzarella **30 Sekunden / ⟲ Linkslauf / Stufe 1** unterrühren und Sauce über das Gemüse geben.

12 | Mit den Cracker-Streuseln bestreuen und im heißen Ofen 15–20 Minuten überbacken.

NUDELAUFLAUF MIT HACKFLEISCH

Ein Termin jagt den nächsten – es bleibt kaum Zeit zum Luftholen und etwas essen sollte man zwischendurch ja auch noch. Manchmal gibt es Tage, an denen man sich mehr als 24 Stunden wünscht. Genau für solche Situationen haben wir unseren All-Time-Favorite-SOS-Auflauf. Er ist ruckzuck fertig und schenkt einem dadurch Zeit für die wirklich wichtigen Dinge: einatmen, ausatmen und glücklich sein.

4 PORTIONEN
ZUBEREITUNGSZEIT: 50 MINUTEN

ZUTATEN:

300 g Rinderhackfleisch
500 g Bandnudeln
1/4 Bund Petersilie
1 rote Zwiebel
1 Knoblauchzehe
25 g Olivenöl
40 g Tomatenmark
1/4 TL Thymian, getrocknet
150 g passierte Tomaten
1 TL Gemüsebrühpulver
1/4 TL Rosmarin, getrocknet
1/4 TL Basilikum, getrocknet
1 gestr. TL Salz
1/8 TL Pfeffer
200 g Kochsahne, 15 % Fett
80 g Käse, gerieben, z.B. Gouda

zusätzlich benötigt Ihr:
Olivenöl zum Anbraten
Butter für die Form
gehackte Petersilie zum Bestreuen
Auflaufform

1 | Den Backofen auf 180°C Ober-/Unterhitze vorheizen. Eine Auflaufform buttern.

2 | Das Hackfleisch in einer Pfanne anbraten und zur Seite stellen.

3 | Die Nudeln nach Packungsangabe auf dem Herd bissfest kochen, abgießen und gut abtropfen lassen.

4 | Petersilie in den Mixtopf geben, **3 Sekunden / Stufe 8** zerkleinern. Mit dem Spatel alles vom Rand nach unten schieben.

5 | Zwiebelhälften und Knoblauchzehe in den Mixtopf geben, **5 Sekunden / Stufe 5** zerkleinern. Mit dem Spatel wieder alles vom Rand nach unten schieben.

6 | Öl zugeben, **3 Minuten / 120°C / Stufe 1** dünsten.

7 | Tomatenmark, Thymian, passierte Tomaten, Gemüsebrühpulver, Rosmarin, Basilikum, Salz und Pfeffer zugeben, **10 Minuten / 100°C / Stufe 1** kochen.

8 | Hackfleisch zugeben, **3 Minuten / 100°C / Stufe 2** mit Hilfe des Spatels unterrühren.

9 | Die Hackfleischmasse zu den Nudeln geben, alles gut mischen und in die vorbereitete Auflaufform geben.

10 | Die Sahne mit dem Käse in einer Schüssel mischen und über den Auflauf geben, im heißen Ofen ca. 20 Minuten überbacken.

11 | Mit Petersilie bestreut servieren.

Dazu passt wunderbar ein grüner Salat.

SPICY CHICKEN RIGATONI

Es gibt Länder, die liegen einem besonders am Herzen. Bei uns sind es ganz klar die USA und Italien. Seit 20 Jahren verbringen wir unsere Urlaube in den Staaten und seit einiger Zeit lebt Joëlle glücklich mit einem Italiener zusammen. Dieses italienisch-amerikanische Gericht oder auch Fusion à la Herzfeld vereint die besten Aromen der beiden Länder auf einem Teller. Es ist eines unserer Lieblingsgerichte.

4 – 6 PORTIONEN
40 MINUTEN

ZUTATEN:

1/2 Bund Petersilie
3 Knoblauchzehen
1 Schalotte
1 getr. Chilischote
20 g Olivenöl
400 g gehackte Dosentomaten
1/2 TL Gemüsebrühpulver
1/8 TL schwarzer Pfeffer
1 TL brauner Zucker
400 g Hähnchenbrustinnenfilet
Salz und Pfeffer
500 g Rigatoni
120 g TK-Erbsen
250 g Kochsahne, 15 % Fett
50 g Parmesan, gerieben

zusätzlich benötigt Ihr:
Butterschmalz zum Anbraten

1 | Petersilie in den Mixtopf geben, **3 Sekunden / Stufe 8** zerkleinern und umfüllen.

2 | Knoblauchzehen, Schalottenhälften und Chilischote in den Mixtopf geben, **5 Sekunden / Stufe 5** zerkleinern. Mit dem Spatel alles nach unten schieben.

3 | Öl zugeben, **3 Minuten / 120°C / Stufe 1** dünsten.

4 | Tomaten, Gemüsebrühpulver, Pfeffer, Zucker und Hälfte der Petersilie zugeben, **20 Minuten / 100°C / Stufe 1** kochen.

5 | In der Zwischenzeit das Hähnchenfleisch in der Pfanne rundherum braun braten, mit Salz und Pfeffer würzen, beiseite stellen und in mundgerechte Stücke schneiden.

6 | Die Nudeln nach Packungsangabe in Salzwasser auf dem Herd kochen und anschließend abtropfen lassen. In den letzten zwei Kochminuten die Erbsen zugeben.

7 | Sahne und Parmesan in den Mixtopf hinzugeben, **5 Minuten / 80°C / Stufe 3** unterrühren.

8 | Sauce mit Hähnchenfleisch und Pasta mischen.

9 | Nach Belieben noch mit geriebenem Parmesan und Petersilie bestreut servieren.

BAVETTE MIT TOMATEN-THUNFISCH-SUGO

Einfach und lecker! Zwei Eigenschaften, die beim Kochen nicht zusammen passen? Aber auf jeden Fall doch. Dieses Rezept ist in 20 Minuten fertig und einfach nur lecker. Das finden besonders unsere Männer, denn als wir dieses Rezept kreiert haben, kam es gefühlt alle zwei Tage auf den Tisch. Toller Nebeneffekt: Die Männer haben ihre Thunfisch-Liebe entdeckt.

3 – 4 PORTIONEN
20 MINUTEN

ZUTATEN:

1/2 Bund Petersilie
1 rote Chilischote, entkernt
2 rote Zwiebeln
30 g Olivenöl
1 Dose Thunfisch ohne Öl, Abtropfgewicht 140 g
400 g passierte Tomaten
1 Prise Zucker
1 kl. Dose schwarze Oliven, Abtropfgewicht 85 g
400 g Pasta nach Wahl, hier Bavette No. 13
Salz und Pfeffer aus der Mühle

1 | Petersilie in den Mixtopf geben, **3 Sekunden / Stufe 8** zerkleinern und umfüllen.

2 | Chilischote und Zwiebelhälften in den Mixtopf geben, **5 Sekunden / Stufe 5** zerkleinern. Mit dem Spatel alles vom Rand nach unten schieben.

3 | Öl zugeben, **4 Minuten / 120°C / Stufe 1** dünsten.

4 | Abgetropften Thunfisch zugeben, weitere **2 Minuten / 120°C / ↺ Linkslauf / Stufe 1** dünsten.

5 | Passierte Tomaten, Zucker und abgetropfte Oliven hinzufügen, **8 Minuten / 100°C / ↺ Linkslauf / Stufe 1** aufkochen.

6 | Pasta nach Packungsangabe auf dem Herd kochen und abschütten.

7 | Sauce mit Salz und Pfeffer abschmecken.

8 | Gehackte Petersilie mit dem Spatel unterrühren.

9 | Pasta mit Thunfisch-Tomaten-Sugo mischen und mit Petersilie garniert servieren.

SPAGHETTI MIT ZITRONENSAUCE, GEBACKENEN TOMATEN UND PARMASCHINKENRÖLLCHEN

Dieses Gericht ruft die Erinnerungen nach unbeschwerten Sommertagen wach und wenn man die Augen kurz schließt, kann man fast meinen, das leise Rauschen des Meeres zu hören. Die Aromen von Zitrone, Rosmarin und Olivenöl holen Euch den Sommer zurück auf den Teller. Angerichtet mit Tomaten, Parmaschinken und Parmesan ist dieses Rezept nicht nur was fürs Herz, sondern auch fürs Auge.

2 PORTIONEN
35 MINUTEN

ZUTATEN:

8 Scheiben Parmaschinken
10 Cherrytomaten an der Rispe
2 EL Olivenöl + 35 g
1 Prise Meersalzflocken
300 g Spaghettini, Nr. 3
1 kleine Knoblauchzehe
1 Bio-Zitrone
2 Rosmarinzweige
100 g Kochsahne, 15 % Fett
Salz und Pfeffer aus der Mühle
20 g Parmesan, gerieben

1 | Den Backofen auf 180°C Umluft vorheizen. Ein Backblech mit Backpapier auslegen.

2 | Parmaschinken einrollen und mit den Cherrytomaten auf das Blech geben.

3 | Tomaten mit 2 EL Olivenöl beträufeln und mit einer Prise Meersalzflocken bestreuen, im Ofen ca. 12 Minuten backen.

4 | In der Zwischenzeit die Nudeln nach Packungsangabe auf dem Herd kochen.

5 | Für die Sauce die Knoblauchzehe in den Mixtopf geben, **3 Sekunden / Stufe 5** zerkleinern. Mit dem Spatel alles vom Rand nach unten schieben.

6 | 35 g Olivenöl, Abrieb der Zitrone und Rosmarinzweige zugeben, **4 Minuten / 120°C / Linkslauf / Sanftrührstufe** dünsten.

7 | Sahne und Saft von 1/2 Zitrone zufügen, **4 Minuten / 90°C / Linkslauf / Sanftrührstufe** aufkochen.

8 | Sauce mit Salz und Pfeffer sowie Zitronensaft abschmecken.

9 | Nudeln abgießen, mit der Sauce mischen und mit Tomaten, Parmaschinken und Parmesan bestreut servieren.

GEFÜLLTE MUSCHELNUDELN TRICOLORE

Nicht nur unsere Liebe für gutes Essen spiegelt sich in unseren Rezepten wider, sondern auch unsere Liebe zu ganz besonderen Menschen. So nimmt die Italienische Küche einen immer wichtigeren Platz in unserer Küche ein. Da Liebe durch den Magen geht, könnt Ihr Euch sicher sein, dass unsere italienischen Rezepte stets besonders lecker schmecken.

4 PORTIONEN
60 MINUTEN

ZUTATEN:

Sauce:

1 Schalotte
1 Knoblauchzehe
20 g Olivenöl
2 EL Tomatenmark, ca. 50 g
400 g passierte Tomaten
je 1/2 TL Oregano und Basilikum, getrocknet
1 Prise Chiliflocken
1/4 TL Zucker
Salz und Pfeffer

Füllung:

1 Schalotte
1 Knoblauchzehe
40 g Butter
400 g TK-Spinat, aufgetaut oder frisch
50 g Sahne
150 g Crème Fraîche
je 1/4 TL Oregano und Basilikum, getrocknet
Salz und Pfeffer

zusätzlich benötigt Ihr:

200 g Muschelnudeln (groß, Conchiglioni)
100 g Mozzarella, gerieben
1 EL Parmesan, gerieben
Auflaufform, Ø 30 cm

1 | Den Backofen auf 180°C Ober-/Unterhitze vorheizen.

2 | Die Muschelnudeln nach Packungsanweisung bissfest kochen. Abgießen, mit kaltem Wasser abspülen und beiseite stellen.

SAUCE:

3 | Schalottenhälften und Knoblauchzehe in den Mixtopf geben, **5 Sekunden / Stufe 5** zerkleinern.

4 | Mit dem Spatel alles vom Rand nach unten schieben.

5 | Olivenöl zugeben, **3 Minuten / 120°C / Stufe 1** dünsten.

6 | Restliche Zutaten zugeben, **10 Minuten / 100°C / Stufe 1** kochen.

7 | Mit Salz und Pfeffer abschmecken.

8 | Sauce in eine Auflaufform füllen, so dass der Boden bedeckt ist.

FÜLLUNG:

9 | Schalottenhälften und Knoblauchzehe in den Mixtopf geben, **5 Sekunden / Stufe 5** zerkleinern. Mit dem Spatel alles vom Rand nach unten schieben.

10 | Butter zugeben, **4 Minuten / 120°C / Stufe 1** dünsten.

11 | Spinat und Sahne zugeben, **4 Minuten / 100°C / ⟲ Linkslauf / Stufe 1** aufkochen.

12 | Crème Fraîche, Oregano und Basilikum zugeben, **15 Sekunden / ⟲ Linkslauf / Stufe 3.5** unterrühren. Kräftig mit Salz und Pfeffer abschmecken.

13 | Spinatfüllung in die gekochten Muschelnudeln füllen und in die Auflaufform, auf die Tomatensauce setzen.

14 | Muschelnudeln mit beiden Käsesorten bestreuen und im heißen Ofen ca. 25 Minuten goldbraun backen.

KÄSENUDELN HOCH^4 MIT KRÄUTERN

Käse! Bereits dieses Wort ruft einen herrlich würzig-herzhaften Geschmack gepaart mit einer zarten Cremigkeit im Mund wach. Und die Käsenudeln hoch vier mit Kräutern halten dieses Versprechen! Dank Cheddar, Doppelrahmfrischkäse, Schweizer Emmentaler und Parmesan sind sie ein wahr gewordener Käsetraum.

3 – 4 PORTIONEN
30 MINUTEN

ZUTATEN:

je 50 g Cheddar und Schweizer Emmentaler
30 g Parmesan
1/4 Bund Petersilie
1/4 Bund Basilikum
2 Knoblauchzehen
30 g Butter
1 EL Mehl
400 g Milch
50 g Doppelrahmfrischkäse
1 gestr. TL Salz
1/2 TL Pfeffer
1 Msp. Muskat
1 TL Worcestersauce
1 Prise Chiliflocken
300 g Pasta nach Wahl

1 | Cheddar, Emmentaler und Parmesan in den Mixtopf geben und **10 Sekunden / Stufe 8** zerkleinern und umfüllen.

2 | Kräuter mit Knoblauchzehen in den Mixtopf geben, **3 Sekunden / Stufe 8** zerkleinern.

3 | Mit dem Spatel alles vom Rand nach unten schieben.

4 | Butter zugeben, **3 Minuten / 100°C / Stufe 2** schmelzen.

5 | Mehl zugeben, **3 Minuten / 100°C / Stufe 2** dünsten.

6 | Milch, Frischkäse, zerkleinerten Käsemix, Salz, Pfeffer, Muskat, Worcestersauce und Chiliflocken zugeben, **15 Minuten / 80°C / Stufe 2** erhitzen.

7 | In dieser Zeit die Pasta nach Packungsangabe auf dem Herd kochen, abgießen und anschließend mit der Sauce mischen.

8 | Nochmal abschmecken und servieren.

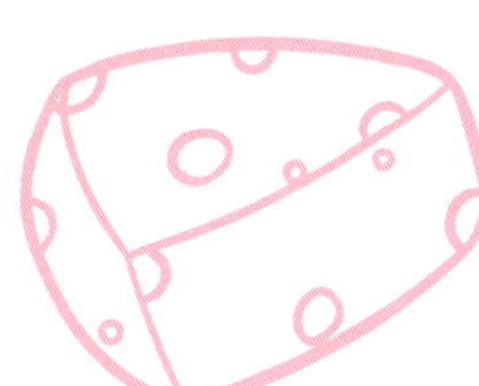

› Ihr mögt eine angegebene Käsesorte nicht? Kein Problem! Die Sorten lassen sich beliebig austauschen und so würzig oder mild variieren.

RATATOUILLEGRATIN

Es ist schon komisch, was uns manchmal zu einem neuen Rezept inspiriert. Bei diesem war es die kleine Ratte Rémy aus dem Animationsfilm von Pixar. Denn wir haben eine gemeinsame Leidenschaft: das Kochen. Nach dem Film war uns ganz klar, dass auch wir ein ganz besonderes Ratatouille zubereiten müssen – ehrlich im Geschmack und mit den besten Zutaten.

4 PORTIONEN
70 MINUTEN

ZUTATEN:

Sauce:
1 rote Zwiebel
1 Knoblauchzehe
20 g Olivenöl
1,5 EL Tomatenmark
400 g Dosentomaten
je 1/4 TL Oregano, Thymian, Basilikum
1 Msp. Chiliflocken
1 Prise Zucker
Salz und Pfeffer

Ratatouille:
1 Aubergine, ca. 250 g
2 Zucchini, ca. 300 g
3 bunte Tomaten
3 Kartoffeln
Salz und Pfeffer
2 Zweige frischer Thymian
2 EL Olivenöl

zusätzlich benötigt Ihr:
100 g Mozzarella, gerieben
Auflaufform

SAUCE:

1 | Zwiebelhälften und Knoblauchzehe in den Mixtopf geben, **5 Sekunden / Stufe 5** zerkleinern.

2 | Mit dem Spatel alles vom Rand nach unten schieben.

3 | Öl und Tomatenmark zugeben, **3 Minuten / 120°C / Stufe 1** dünsten.

4| Dosentomaten, Kräuter, Chiliflocken und Zucker hinzufügen, **10 Minuten / 100°C / Stufe 1** kochen.

5 | Mit Salz und Pfeffer abschmecken.

6 | Sauce in die Auflaufform geben.

RATATOUILLE:

7 | Aubergine, Zucchini und Tomaten waschen, Kartoffeln schälen und möglichst in gleichmäßig dünne Scheiben von etwa 2–3 mm schneiden und das Gemüse dachziegelartig auf die Sauce schichten.

8 | Mit Salz und Pfeffer würzen, frischen Thymian darübergeben und mit Olivenöl beträufeln.

9 | Die Auflaufform mit Alufolie verschließen und im heißen Ofen ca. 40 Minuten backen.

10 | Folie abnehmen, den Mozzarella darübergeben und weitere 10 Minuten backen, bis der Käse geschmolzen ist.

› Das Gemüse kann prima variiert werden: Ihr könnt z.B. die Kartoffeln weglassen oder auch Paprika hinzufügen. Auch kleine Hackbällchen dazwischen sind möglich.

STAUB

HÄHNCHENSCHMAUS

Manchmal reicht es nicht aus, dass ein Gericht „nur" lecker schmeckt. Deshalb sollten Rezepte nicht nur für den Magen, sondern auch für die Seele kreiert werden. Dieses Hähnchenfilet, in würzigen Schinken gewickelt, mit der himmlischen Sauce dazu, ist Soulfood pur.

4 PORTIONEN
60 MINUTEN

ZUTATEN:

100 g Gouda
50 g Parmesan
600 g Hähnchenbrustfilet
Salz und Pfeffer
1 EL Olivenöl zum Anbraten
200 g Crème Fraîche
400 g gehackte Dosentomaten
1 EL Ajvar, pikant
1 EL Kräuter der Provence
1 Prise schwarzer Pfeffer
1/2 TL Knoblauchpulver
50 g Tomatenmark
100 g Schwarzwälder Schinken

zusätzliche benötigt Ihr:
Auflaufform

1 | Den Backofen auf 180°C Ober-/Unterhitze vorheizen. Eine Auflaufform leicht fetten.

2 | Gouda und Parmesan in den Mixtopf geben, **10 Sekunden / Stufe 7** zerkleinern und umfüllen.

3 | Hähnchenbrustfilet in etwa 12 gleich große Stücke schneiden, mit Salz und Pfeffer würzen und in einer Pfanne mit Öl rundherum anbraten.

4 | Crème Fraîche, Dosentomaten, Ajvar, Kräuter, Pfeffer, Knoblauchpulver und Tomatenmark in den Mixtopf geben, **8 Minuten / 90°C / Stufe 2** erwärmen.

5 | Hähnchenstücke mit Schinken umwickeln und in die vorbereitete Auflaufform geben.

6 | Die Tomatensauce angießen und ca. 30 Minuten backen.

7 | Käse darauf verteilen und etwa 10 Minuten weiter backen, bis der Käse schön geschmolzen ist.

DAZU SCHMECKEN REIS, BANDNUDELN ODER EINFACH NUR BAGUETTE.

GLÜCKSTOPF MIT GEFLÜGELBÄLLCHEN

Es gibt so gewisse Tage, an denen scheint nichts zu funktionieren. Dann bereiten wir uns genau dieses Gericht zu und schmecken mit jedem Löffel, wie unsere leeren Glücksakkus wieder aufgefüllt werden. Nicht umsonst heißt es „Der Mensch ist, was er isst" und dank dieses Gerichtes is(s)t man glücklich.

4 PORTIONEN
60 MINUTEN + WARTEZEIT

ZUTATEN:

Geflügelbällchen:
400 g Hähnchenbrust in groben Würfeln
3 Zweige Petersilie
1 Schalotte
20 g Olivenöl
1 Ei, Größe L
3/4 TL Salz
1/4 TL Pfeffer
1/4 TL Paprika, edelsüß
1/8 TL Currypulver
1/4 TL Knoblauchgranulat
30 g Panko (japanisches, grobes Paniermehl)

zusätzlich benötigt Ihr:
Olivenöl zum Anbraten

Gemüse:
2 Zweige Petersilie
3 Blätter Liebstöckel
500 g Möhren, in Scheiben
2 Kohlrabi, in Würfeln
400 g Kartoffeln, in Würfeln
800 g Wasser
1 TL Gemüsebrühpulver
1 Zwiebel
50 g Butter
45 g Mehl
100 g Kochsahne, 15 % Fett
1 TL Salz
1 Prise Pfeffer
1 Prise Zucker
2 Prisen Muskat
1 TL Sojasauce
150 g Frischkäse mit Joghurt

› Panko ist deutlich gröber als normales Paniermehl. Ihr bekommt es in gut sortierten Supermärkten und im Asia Laden.

GEFLÜGELBÄLLCHEN:

1 | Hähnchenwürfel 1 Stunde im Gefrierfach anfrieren.

2 | Petersilie in den Mixtopf geben, **3 Sekunden / Stufe 8** zerkleinern und umfüllen.

3 | Zwiebelhälften in den Mixtopf geben, **5 Sekunden / Stufe 5** zerkleinern. Mit dem Spatel alles vom Rand nach unten schieben.

4 | Öl zugeben, **3 Minuten / 120°C / Stufe 1** dünsten.

5 | Angefrorene Hähnchenwürfel, Ei, Salz, Pfeffer, Paprika, Curry, Knoblauchgranulat, Paniermehl und zerkleinerte Petersilie **15 Sekunden / Stufe 8** zerkleinern und mischen.

6 | Aus dem Fleischteig ca. 15 Bällchen formen und im heißen Öl portionsweise rundherum bei mittlerer Hitze braten.

GEMÜSE:

7 | Petersilie und Liebstöckel in den Mixtopf geben, **2 Sekunden / Stufe 8** zerkleinern und umfüllen.

8 | Möhren, Kohlrabi und Kartoffeln in den Varoma-Behälter geben.

9 | Wasser mit Gemüsebrühpulver in den Mixtopf geben, Varoma-Behälter aufsetzen, **28 Minuten / Varoma / Stufe 1** garen.

10 | Varoma-Behälter abnehmen, Gemüse warm halten.

11 | Mixtopf leeren, dabei 450 ml Garsud auffangen.

12 | Zwiebelhälften in den Mixtopf geben, **3 Sekunden / Stufe 5** zerkleinern und mit dem Spatel nach unten schieben.

13 | Butter zugeben, **3 Minuten / 120°C / Stufe 1** dünsten.

14 | Mehl hinzufügen, **2 Minuten / 100°C / Stufe 1** anschwitzen.

15 | Garsud, Sahne, Salz, Pfeffer, Zucker, Muskat und Sojasauce zugeben, **10 Minuten / 100°C / Stufe 1** aufkochen.

16 | Petersilie, Liebstöckel und Frischkäse zugeben, **4 Minuten / 90°C / Stufe 1** unterrühren.

17 | Sauce zusammen mit dem Gemüse in eine Servierschüssel geben und mit den Geflügelbällchen toppen.

Kinder essen gerne Gemüse, wenn man es mit Formen aussticht, z.B. Blumen, Herzen oder Sterne.

DAZU PASSEN REIS UND AUCH BANDNUDELN.

HÄHNCHEN MELBA

Man nehme Hähnchen und Pfirsich und schon hat man die wichtigsten Zutaten für ein schmackhaftes Essen. Warum sollte man immer mit komplizierten Rezepten den ganzen Tag in der Küche stehen, wenn echtes Soulfood so simpel gezaubert ist?! Durch die fruchtige Komponente und gehackte Cashewnüsse schmeckt das Gericht trotzdem ganz schön raffiniert.

4 PORTIONEN
60 MINUTEN

ZUTATEN:

1 Dose Pfirsiche, Abtropfgewicht 240 g
4 Hähnchenbrustfilets
Salz und Pfeffer
Paprikapulver, rosenscharf
85 g Weizenmehl, Type 405
2 Lauchzwiebeln
35 g Butter
200 g Milch
200 g Sahne
1/2 TL Paprikapulver, edelsüß
1 TL Gemüsebrühpulver
1 TL Curry
1 gestr. TL Salz
1 Prise Chiliflocken
1 TL Kokossirup

zusätzlich benötigt Ihr:

50 g Cashewnüsse
Öl zum Anbraten
Auflaufform

1 | Den Backofen auf 200°C Ober-/Unterhitze vorheizen. Eine Auflaufform fetten.

2 | Die Pfirsiche abtropfen lassen und in Spalten schneiden. 100 ml Saft auffangen.

3 | Die Hähnchenbrustfilets waschen und trocken tupfen, einmal halbieren.

4 | Mit Salz, Pfeffer und Paprika würzen, in 50 g Mehl wenden.

5 | Das Fleisch rundherum in Öl anbraten und in die Auflaufform geben.

6 | Pfirsichspalten darauf verteilen.

7 | Lauchzwiebeln in Ringe schneiden.

8 | Butter in den Mixtopf geben, **3 Minuten / 100°C / Stufe 1** schmelzen. Restliche 35 g Mehl zugeben, **3 Minuten / 100°C / Stufe 1** anschwitzen.

9 | Pfirsichsaft, Milch, Sahne, Paprikapulver, Gemüsebrühpulver, Curry, Chiliflocken, Kokossirup und die weißen Lauchzwiebelringe zugeben, **6 Minuten / 90°C / Stufe 4** aufkochen.

10 | Sauce mit Salz und Pfeffer abschmecken und die Hähnchenfilets damit übergießen.

11 | Cashewnüsse darauf verteilen und im heißen Ofen ca. 40 Minuten backen.

12 | Mit grünen Lauchzwiebelringen garniert servieren.

BALI HÜHNCHEN – AROMENZAUBER PUR MIT NAAN-BROT

Tabasco®, Anis, Zimt, Honig, Aprikosen, Ingwer – was sich hier nach der Zutatenliste für ein mehrgängiges Menü anhört, ist in Wirklichkeit für ein einziges Gericht. Das Bali Hühnchen ist ein echtes Feuerwerk der Aromen. Vielleicht hört sich das Rezept im ersten Augenblick ziemlich verrückt an, aber diese Geschmacksexplosion solltet Ihr unbedingt erleben.

4 PORTIONEN
80 MINUTEN + MIND. 2 STUNDEN WARTEZEIT

ZUTATEN:

4 Hähnchenbrustfilets
3 Knoblauchzehen
20 g frischer Ingwer
50 g würzige Sojasauce (Ketjap Manis)
40 g dunkle Sojasauce
80 g flüssiger Honig
1 EL Tabasco®
1 TL Anis
1 TL Zimt
200 g passierte Tomaten
100 g Geflügelfond
1 EL Currypulver (bestenfalls grüner Curry)
3 EL Reisweinessig
1 EL Paprikapulver, edelsüß
30 g Aprikosen- oder Orangensaft, ungezuckert
Naan-Brot, siehe Seite 38
2 Lauchzwiebeln, in Ringe geschnitten

zusätzlich benötigt Ihr:
Öl zum Einfetten der Auflaufform
Auflaufform mit Deckel

1 | Die Hähnchenbrustfilets jeweils in drei Stücke teilen.

2 | Knoblauch und Ingwer in den Mixtopf geben, **5 Sekunden / Stufe 5** zerkleinern. Mit dem Spatel alles vom Rand nach unten schieben.

3 | Sojasaucen, Honig, Tabasco®, Anis, Zimt, passierte Tomaten, Geflügelfond, Currypulver, Essig, Paprika und Saft zugeben, **10 Sekunden / Stufe 3** verrühren, anschließend **5 Minuten / 80°C / Stufe 1** erwärmen, mit den Hähnchenstücken mischen und für mindestens 2 Stunden marinieren.

4 | Den Backofen auf 170°C Ober-/Unterhitze vorheizen. Eine Auflaufform mit Deckel fetten.

5 | Alles zusammen in die Auflaufform geben, mit dem Deckel verschließen und 45 Minuten backen.

6 | Deckel abnehmen und weitere 15 Minuten backen, bis die Filets schön gebräunt sind. Dabei immer wieder etwas von der Sauce über die Filets geben.

7 | Mit Lauchzwiebelringen und Naan-Brot servieren.

Im Original werden Hähnchenschenkel verwendet. Diese müssen dann allerdings etwa 1,5–2 Stunden backen, dann fällt das Fleisch so vom Knochen.

Alle Zutaten bekommt Ihr in jedem gut sortierten Supermarkt und auch im Asia Markt.

- Hier passt auch wunderbar Reis als Beilage. Probiert unbedingt diese Gewürze mit aus. Es hört sich erst einmal alles etwas kurios und viel an, aber das Ergebnis ist einfach fantastisch. Das Verhältnis von würzig, scharf, süß und fruchtig ist einfach grandios.
- Ihr habt keine Auflaufform mit Deckel? Dann könnt Ihr sie auch mit Folie verschließen.

HÄHNCHEN IN ZITRONEN-BASILIKUM-SAHNESAUCE

Wir kochen und probieren viel Neues aus und unsere Familie darf dann fleißig kosten. Dadurch haben wir uns mit der Zeit kleine Gourmets herangezogen. Dieses Rezept kam bei uns in den vergangenen Monaten sehr häufig auf den Tisch, denn das soll schon was heißen, wenn die Männer des Hauses es als „hmmm, lecker" bezeichnen.

4 PORTIONEN
30 MINUTEN

ZUTATEN:

1000 g Hähnchenbrustfilet
30 g Mehl
1 TL Basilikum, getrocknet
1 TL Salz
1/4 TL Cayennepfeffer
1 TL Knoblauchpulver
1/2 TL Zwiebelpulver
1 EL Butter
1 EL Olivenöl
100 g Geflügelfond
Saft von 2 Zitronen, ca. 25 g
1/2 TL Salz
1/4 TL schwarzer Pfeffer
200 g Sahne
1 EL Zitronenschale
1 kl. Handvoll frischer Basilikum
1 EL Speisestärke in Wasser angerührt

1 | Hähnchenbrustfilets waschen und trocknen.

2 | Mehl mit Basilikum, Salz, Cayennepfeffer, Knoblauch und Zwiebelpulver mischen.

3 | Butter und Olivenöl in einer Pfanne heiß werden lassen.

4 | Hähnchenbrustfilets in der Mehlmischung wenden und im heißen Fett rundherum braun braten, herausnehmen und warm halten.

5 | Das Bratenfett zusammen mit Geflügelfond, Zitronensaft, Salz, Pfeffer, Sahne, Zitronenschale, Basilikum und Speisestärke in den Mixtopf geben, **5 Minuten / 90°C / Stufe 1** aufkochen.

6 | Hähnchen mit der Sauce anrichten. Nach Belieben mit Reis oder Kartoffelpüree servieren.

STAUB
STAUB

HÄHNCHENFILET „ZÜRICHER ART" ÜBERBACKEN

Es geht nichts über den geliebten Geschmack von Rezeptklassikern. Aber manchmal überkommt es uns und dann verleihen wir klassischen Gerichten einen Hauch von Herzfeld. Dieses Rezept z.B. für Hähnchenfilet „Züricher Art" überbacken ist eine dieser Neuinterpretationen. Lasst es Euch schmecken – es ist wie gewohnt lecker, aber dennoch anders.

4 PORTIONEN
50 MINUTEN

ZUTATEN:

800 g Hähnchenbrustfilet
Salz und Pfeffer
150 g Champignons, in Scheiben geschnitten
1 Schalotte
20 g Butter
150 g Sahne
150 g Crème Fraîche
100 g Wasser
1 TL Gemüsebrühpulver
1 TL Estragon, getrocknet
1/2 TL Salz
3 Prisen Pfeffer
1 TL Sojasauce
1 EL Speisestärke in etwas Wasser angerührt
100 g Gouda, gerieben

zusätzlich benötigt Ihr:
Auflaufform mit Deckel

› Wer keine Auflaufform mit Deckel hat, verschließt die Form mit Alufolie.

1 | Den Backofen auf 190°C Ober-/Unterhitze vorheizen.

2 | Hähnchenbrustfilets in mundgerechte Stücke schneiden, mit Salz und Pfeffer würzen und in einer Pfanne portionsweise kurz anbraten, sodass sie Farbe bekommen. In eine Auflaufform legen.

3 | Champignons auf den Filets verteilen.

4 | Schalottenhälften in den Mixtopf geben, **5 Sekunden / Stufe 5** zerkleinern. Mit dem Spatel vom Rand nach unten schieben.

5 | Butter zugeben, **2 Minuten / 120°C / Stufe 1** dünsten.

6 | Sahne, Crème Fraîche, Wasser, Gemüsebrühpulver, Estragon, Salz, Pfeffer und Sojasauce in den Mixtopf geben, **4 Minuten / 100°C / Stufe 1** aufkochen.

7 | Angerührte Speisestärke zugeben und weitere **2 Minuten / 100°C / Stufe 1** kochen, dann über das Fleisch geben.

8 | Mit Gouda bestreuen, Form mit Deckel verschließen, 20 Minuten backen.

9 | Deckel abnehmen und weitere 10 Minuten goldbraun backen, bis der Käse schön zerlaufen ist.

Zu beiden Bolognese-Arten passen natürlich perfekt Spaghetti dazu.

ROTE UND WEISSE BOLOGNESE

Eine Sauce, 100 Meinungen! Die einen schwören auf Olivenöl, die anderen auf Butter. Wein dazu? Muss das sein? So hat jeder sein persönliches Bolognese-Rezept, das für viele das Lieblingsgericht seit Kindertagen ist. Auch wenn wir mal nicht wissen, was es zu Essen geben soll, kommt meist: „Spaghetti Bolognese. Aber bitte so wie immer". Unser Familienrezept ist die Rote und Weiße Bolognese, die wir auch gerne mal miteinander kombinieren.

JE 4 PORTIONEN
JEWEILS 30 MINUTEN

ZUTATEN:

Weiße Bolognese:

1 Schalotte
1 Möhre, in Stücken
1 Stange Staudensellerie, in Stücken
2 Knoblauchzehen
20 g Olivenöl
200 g Sahne
1 TL Gemüsebrühpulver
1 TL italienische Kräuter
200 g cremiger Bresso® (französischer Frischkäse)
150 g Milch
100 g Wasser
1 geh. TL Speisestärke
1 gestr. TL Salz
1/4 TL Pfeffer
500 g gemischtes Hackfleisch
20 g Parmesan

Rote Bolognese:

1 Zwiebel
1 Knoblauchzehe
1 Möhre, in Stücken
1 Stange Staudensellerie, in Stücken
20 g Olivenöl
1 Dose gehackte Tomaten à 400 g
150 g Tomatenmark
160 g Wasser
1 TL Salz
1 TL Paprika, edelsüß
1 Lorbeerblatt
1/4 TL Pfeffer
1/2 TL Zucker
1 TL italienische Kräuter, getrocknet
500 g Rinderhack

zusätzlich benötigt Ihr:

Öl zum Anbraten
Petersilie zum Garnieren

WEISSE BOLOGNESE:

1 | Schalottenhälften, Möhre, Staudensellerie und Knoblauchzehen in den Mixtopf geben, **5 Sekunden / Stufe 5** zerkleinern. Mit dem Spatel alles vom Rand nach unten schieben.

2 | Olivenöl zugeben, **3 Minuten / 120°C / Stufe 1** dünsten.

3 | Sahne, Gemüsebrühpulver, Kräuter, Bresso®, Milch, Wasser und Speisestärke hinzufügen, **8 Minuten / 100°C / ⟲ Linkslauf / Stufe 3** aufkochen.

4 | Mit Salz und Pfeffer abschmecken.

5 | In der Zwischenzeit das Hackfleisch in der Pfanne anbraten.

6 | Angebratenes Hackfleisch mit Parmesan zur Sauce geben und nochmal **2 Minuten / 90°C / ⟲ Linkslauf / Stufe 1** unterrühren.

ROTE BOLOGNESE:

1 | Zwiebelhälften, Knoblauchzehe, Möhre und Staudensellerie in den Mixtopf geben, **5 Sekunden / Stufe 5** zerkleinern. Mit dem Spatel alles vom Rand nach unten schieben.

2 | Olivenöl zugeben, **3 Minuten / 120°C / Stufe 1** dünsten.

3 | Gehackte Tomaten, Tomatenmark, Wasser, Salz, Paprika, Lorbeerblatt, Pfeffer, Zucker und Kräuter zugeben, **5 Sekunden / ⟲ Linkslauf / Stufe 3** verrühren, dann **15 Minuten / 100°C / ⟲ Linkslauf / Stufe 2** kochen.

4 | In der Zwischenzeit das Hackfleisch in der Pfanne anbraten.

5 | Angebratenes Hackfleisch zur Sauce geben und nochmal **2 Minuten / 90°C / ⟲ Linkslauf / Stufe 1** unterrühren.

6 | Lorbeerblatt entfernen.

ORANGE SOUP – ROTE LINSENSUPPE

Diese rote Linsensuppe schmeckt uns besonders gut an kalten, verregneten Tagen. Dank ihrer herrlich orangenen Farbe hat man fast das Gefühl, einen flüssigen Sonnenaufgang zu löffeln. Wundervolle Zutaten wie Ingwer, Currypaste, Orangensaft und Süßkartoffeln sorgen zudem für eine herrliche Wärme von innen.

4 – 6 PORTIONEN
45 MINUTEN

ZUTATEN:

150 g rote Linsen
1 Zwiebel
2 Knoblauchzehen
2 cm Ingwer
500 g Süßkartoffeln
3 Möhren
30 g Olivenöl
1,5 EL rote Currypaste
400 g gehackte Dosentomaten
800 g Gemüsefond
200 g Orangensaft
Salz und Pfeffer

Topping:
100 g Sahnejoghurt
Chiliringe
gehackte Petersilie

1 | Linsen in einem Sieb mit kaltem Wasser abspülen.

2 | Zwiebelhälften, Knoblauchzehen und Ingwer in den Mixtopf geben, **5 Sekunden / Stufe 5** zerkleinern. Mit dem Spatel alles vom Rand nach unten schieben.

3 | Süßkartoffeln und Möhren in Stücken zugeben, **5 Sekunden / Stufe 6** zerkleinern.

4 | Öl und Currypaste zugeben, alles mit dem Spatel nach unten schieben und **5 Minuten / 120°C / Stufe 1** dünsten.

5 | Linsen, Dosentomaten, Gemüsefond und Orangensaft zugeben, **30 Minuten / 100°C / Stufe 1** kochen, anschließend **30 Sekunden / aufsteigend Stufe 6–9** pürieren.

6 | Mit Salz und Pfeffer abschmecken.

7 | Mit einem Klecks Sahnejoghurt, Chiliringen und Petersilie garniert servieren.

GERÖSTETE BLUMENKOHLSUPPE MIT ORIENTALISCHEM TOUCH

Gesicht und Hände sind ganz kalt vom langen Spaziergang durch die verschneite Winterlandschaft. Das Gefühl, wenn man dann wieder zu Hause ankommt und von dieser herrlichen Wärme umschlossen wird, ist einfach wunderbar. Solche Glücksgefühle lassen sich nur noch mit einer Schüssel voll herrlich dampfender Suppe übertreffen.

4 PORTIONEN
60 MINUTEN

ZUTATEN:

1 Blumenkohl, ca. 750 g
3 EL Olivenöl
Salz und Pfeffer
1/2 Bund frischer Dill
1/2 Bund Petersilie
3 Knoblauchzehen
1 Zwiebel, geviertelt
650 g warmes Wasser
1 EL Gemüsebrühpulver
100 g Kochsahne, 15 % Fett
1 TL Zitronensaft
1 TL Kreuzkümmel (Cumin)
1/2 TL Chilipulver
1 TL Kurkuma

zusätzlich benötigt Ihr:
1 EL gerösteter Sesam

1 | Den Backofen auf 200°C Ober-/Unterhitze vorheizen.

2 | Blumenkohl in Röschen teilen, auf das Backblech geben.

3 | Mit 2 EL Öl beträufeln, mit Salz und Pfeffer würzen und 25–30 Minuten rösten.

4 | Dill und Petersilie in den Mixtopf geben, **3 Sekunden / Stufe 8** zerkleinern und umfüllen.

5 | Knoblauchzehen und Zwiebelviertel in den Mixtopf geben, **5 Sekunden / Stufe 5** zerkleinern. Mit dem Spatel alles vom Rand nach unten schieben.

6 | 1 EL Öl zugeben, **3 Minuten / 120°C / Stufe 1** dünsten.

7 | Blumenkohl vom Backblech in den Mixtopf zugeben, **10 Sekunden / Stufe 7** pürieren.

8 | Wasser, Gemüsebrühpulver, Sahne, Zitronensaft, Kreuzkümmel, Chilipulver und Kurkuma zugeben, **10 Minuten / 100°C / Stufe 1** kochen, anschließend **30 Sekunden / aufsteigend von Stufe 4–8** pürieren.

9 | Blumenkohlsuppe mit Salz und Pfeffer abschmecken und mit den Kräutern und Sesam bestreut servieren.

› Die Suppe ist sehr cremig und sämig. Wem sie zu dick ist, kann mit einem Schuss Wasser für seine persönlich richtige Konsistenz sorgen.

BUNTER CURRYWURSTTOPF

„Dieser bunte Currywursttopf ließ uns bei meinem Auszug in mein neues Leben durchhalten. Die Kräfte schwanden, ein heilloses Durcheinander herrschte. Wie gut, dass Mutti uns diesen Currywursttopf gezaubert hatte. Danke Mama, du bist die Beste!“ (Joëlle)

4 PORTIONEN
30 MINUTEN

ZUTATEN:

2 rote Zwiebeln
1 Knoblauchzehe
30 g Olivenöl
60 g Tomatenmark
je 1 gelbe, rote und grüne Paprikaschote, in mundgerechten Stücken
400 g passierte Tomaten
400 g gehackte Dosentomaten
350 g Wasser
1 TL Salz
1 EL Gemüsebrühpulver
20 g Zucker
1 TL Essig, hell
1 EL Paprikapulver, edelsüß
1/2 TL Paprikapulver, rosenscharf
1 TL Currypulver
6 Currywürste oder feine Grillwürste
Salz und Pfeffer

zusätzlich benötigt Ihr:
2 EL Olivenöl zum Anbraten

1 | Zwiebelhälften und Knoblauchzehe in den Mixtopf geben, **5 Sekunden / Stufe 5** zerkleinern.

2 | Mit dem Spatel alles vom Rand nach unten schieben.

3 | Olivenöl zugeben, **3 Minuten / 120°C / Stufe 1** dünsten.

4 | Tomatenmark und Paprikastücke hinzufügen, weitere **3 Minuten / 120°C / ⟲ Linkslauf / Stufe 0.5** dünsten.

5 | Passierte Tomaten, gehackte Tomaten, Wasser, Salz, Gemüsebrühpulver, Zucker, Essig, Paprikapulver und Curry zugeben, **15 Minuten / 100°C / ⟲ Linkslauf / Stufe 0.5** kochen.

6 | In der Zwischenzeit die Würstchen in Scheiben schneiden und in einem großen Topf mit 2 EL Öl scharf anbraten.

7 | Sauce zu den Würstchen geben und alles nochmal mit Salz und Pfeffer abschmecken.

Dazu passen Baguette
oder auch Pommes.

› Es lässt sich auch prima am Vortag zubereiten, so kann es schön durchziehen. Zum Aufwärmen mit einem Deckel verschlossen im Ofen bei 160 °C ca. 45 Minuten erwärmen.

LET'S HAVE A PARTY-TOPF

Die nächste Party steht an und Ihr seid auf der Suche nach dem passenden Party-Food? Wenn wir viele Gäste erwarten, bereiten wir gern diesen herzhaften Partytopf zu, sodass wir bei der Feier selbst nicht mehr groß in der Küche stehen müssen und mit unseren Gästen die gemeinsame Zeit genießen können.

CA. 6 PORTIONEN
2,5 STUNDEN

ZUTATEN:

250 g Rindergulasch
250 g Schweinefilet
250 g Bauchspeck
je 1 Paprika rot, gelb und grün
250 g Rinderhack
2 EL Öl zum Anbraten
3 Zwiebeln
1 Knoblauchzehe
25 g Öl
400 g Dosentomaten
250 g BBQ-Sauce, selbstgemacht oder gekauft
250 g Schaschliksauce, selbstgemacht oder gekauft
1 EL Ahornsirup
1 TL Salz
1/4 TL Cayennepfeffer
1/2 TL Chilipulver
1 TL Paprika, edelsüß
1 Msp. Zimt
250 g Sahne
1/2 TL Majoran, getrocknet
1/2 TL Thymian, getrocknet
1/2 TL Rosmarin, getrocknet

zusätzlich benötigt Ihr:
gehackte Petersilie
ofenfester Topf / Bräter

1 | Den Backofen auf 180°C Umluft vorheizen.

2 | Gulasch, Schweinefilet, Speck und Paprika in mundgerechte Stücke schneiden.

3 | Öl in einem ofenfesten Topf / Bräter erhitzen.

4 | Das Rinderhack anbraten, so dass es schön braun wird.

5 | Topf vom Herd nehmen und die anderen Fleischsorten und Paprikastücke zugeben.

6 | Zwiebelhälften und Knoblauchzehe in den Mixtopf geben, **3 Sekunden / Stufe 5** zerkleinern. Mit dem Spatel vom Rand nach unten schieben.

7 | Öl zugeben, **3 Minuten / 120°C / Stufe 1** dünsten.

8 | Tomaten, BBQ-Sauce, Schaschliksauce, Ahornsirup, Salz, Cayennepfeffer, Chilipulver, Paprika, Zimt, Sahne und Kräuter zugeben, **5 Minuten / 95°C / Stufe 1** erwärmen und anschließend die Sauce in den Topf dazugeben und alles verrühren.

9 | Den Deckel auf den Topf auflegen und im heißen Ofen im untersten Drittel 90 Minuten garen.

10 | Den Deckel abnehmen und weitere 30 Minuten backen.

11 | Mit Petersilie bestreut servieren.

Ihr möchtet die BBQ- und Schaschliksauce selber machen? Kein Problem! Auf foodwithlove.de findet Ihr verschiedene Varianten.

BAKED BEANS

Vereinzelte Funken des großen Lagerfeuers fliegen in den scheinbar endlosen Sternenhimmel der Wüste. Die Pferde dösen mit hängenden Köpfen nur ein paar Schritte entfernt. Ein Glück, dass sich Baked Beans nicht nur bei solch einer Lagerfeuer-Romantik zubereiten lassen. Einfach schnell den Mixtopf anfeuern und Ihr könnt diese würzigen Bohnen als deftige Beilage genießen. Wild West Feeling inklusive.

4 – 6 PORTIONEN
30 MINUTEN

ZUTATEN:

BBQ Rub:
2 EL Paprikapulver, edelsüß
1 EL Salz
1 EL brauner Zucker
1 EL Chilipulver
1 gestr. EL Kreuzkümmel
1 EL Knoblauchpulver
1/2 TL Senfpulver
1/2 TL schwarzer Pfeffer
1/2 TL Cayennepfeffer

Baked Beans:
150 g Bacon
1 Zwiebel
1 TL Öl
50 g Ahornsirup
200 g BBQ-Sauce nach Wahl
1 EL BBQ Rub (siehe oben)
2 Dosen Baked Beans à 415 g (z.B. von Heinz®, gibt es auch ohne Zuckerzusatz)
1 Dose Kidneybohnen, Abtropfgewicht 250 g

zusätzlich benötigt Ihr:
gehackte Petersilie zum Bestreuen

BBQ RUB:

1 | Für den BBQ Rub alle Zutaten in einer Schüssel verrühren.

2 | Bacon in der Pfanne ohne Fett knusprig braten und in Stücke teilen.

3 | Zwiebelhälften in den Mixtopf geben, **5 Sekunden / Stufe 5** zerkleinern und mit dem Spatel nach unten schieben.

BAKED BEANS:

4 | Öl, Bacon und Ahornsirup zugeben, **3 Minuten / 120°C / Linkslauf / Stufe 1** dünsten.

5 | BBQ-Sauce und Rub zugeben, **13 Minuten / 100°C / Linkslauf / Stufe 1** kochen.

6 | Baked Beans mit Sauce und abgetropfte Kidneybohnen zugeben, **4 Minuten / 100°C / Linkslauf / Sanftührstufe** erhitzen.

7 | Nochmal abschmecken und mit Petersilie garniert servieren.

Die BBQ-Beans schmecken am Folgetag, wenn sie erneut aufgewärmt werden, noch besser!

› Der BBQ Rub ist ideal für Klassiker wie Spare Ribs und Pulled Pork. Man kann daraus auch eine Marinade herstellen, in dem man die Würzmischung in Öl einrührt und anschließend sein Grillgut darin mariniert. Trocken aufbewahrt hält er sich monatelang.

MAC 'N' CHEESE MUFFINS

Cheese dreams are made of these! Mac 'n' Cheese ist der absolute Dauerbrenner in den USA. Dieses Gericht gibt es dort in den unterschiedlichsten Variationen in wirklich jedem Restaurant zu finden. Wir haben diesem klassischen Rezept noch mal eine neue Form verliehen: hier in einer To-Go-Variante für Euch.

CA. 8 STÜCK
45 MINUTEN

ZUTATEN:

200 g Cheddar
1 kl. Knoblauchzehe
1 Schalotte
30 g Butter
25 g Mehl
100 g Milch
150 g Sahne
1/4 TL Salz
1/2 TL Gemüsebrühpulver
1 Prise schwarzer Pfeffer
300 g gekochte kleine Nudeln vom Vortag (z.B. Hörnchen), ca. 130 g Rohgewicht

zusätzlich benötigt Ihr:

Fett zum Ausstreichen der Muffinmulden
Paniermehl zum Ausstreuen der Muffinmulden
gehackte Petersilie zum Garnieren
Muffinform

1 | Den Backofen auf 180°C Ober-/Unterhitze vorheizen.

2 | Eine Muffinform fetten und mit Paniermehl ausstreuen.

3 | Cheddar in den Mixtopf geben, **10 Sekunden / Stufe 8** zerkleinern und umfüllen.

4 | Knoblauchzehe und Schalotte in den Mixtopf geben, **5 Sekunden / Stufe 5** zerkleinern. Mit dem Spatel alles vom Rand nach unten schieben.

5 | Butter zugeben, **3 Minuten / 120°C / Stufe 1** dünsten.

6 | Mehl hinzufügen, **2 Minuten / 100°C / Stufe 2** erhitzen.

7 | Zerkleinerten Cheddar, Milch, Sahne, Salz, Gemüsebrühpulver und Pfeffer hinzufügen, **5 Sekunden / Stufe 4** verrühren, dann **10 Minuten / 90°C / Stufe 3** kochen.

8 | Sauce mit den Nudeln mischen.

9 | Die Masse löffelweise in die Muffinmulden geben und für 20–25 Minuten goldbraun backen.

10 | Mit Petersilie garniert servieren.

Die Muffins schmecken warm und kalt.

HAWAIIANISCHES LOCO MOCO

„Ob zum Frühstück oder Mittag – Loco Moco war das absolute Lieblingsessen meines Sohnes während unseres Urlaubs auf Hawaii. Die Kombination aus herzhafter Sauce, gebratenem Ei, Fleisch und Reis hat absolut seinen Geschmack getroffen. Heute koche ich das Gericht für uns und wir erinnern uns gemeinsam an die schöne Zeit auf der Insel zurück." (Manuela)

2 PORTIONEN
45 MINUTEN

ZUTATEN:

Rindfleisch-Patties:

400 g Rinderhackfleisch
1 Prise Salz und Pfeffer
1/2 TL Worcestersauce
Olivenöl zum Braten

Reis:

800 g Wasser
1 TL Gemüsebrühpulver
150 g Langkornreis

Sauce:

1 rote Zwiebel
50 g Champignons
30 g Butter
1/2 TL Salz
2 Prisen Pfeffer
250 g Rinderfond
1 TL Worcestersauce
1 EL Speisestärke, in etwas Wasser angerührt
Salz und Pfeffer

Eier:

1 EL Öl zum Braten
2 Eier, Größe M
1 Prise Salz

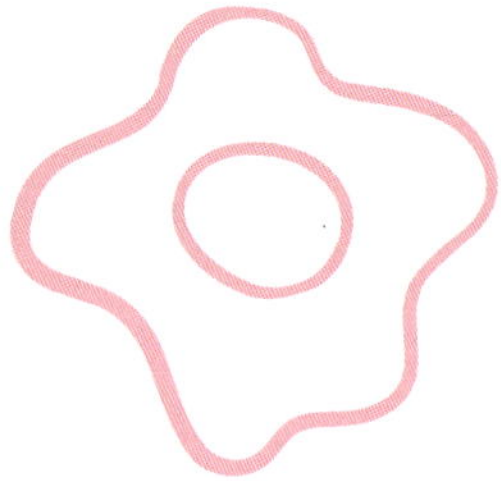

PATTIES:

1 | Hackfleisch, Salz, Pfeffer und Worcestersauce in den Mixtopf geben, **1.5 Minuten / Teigstufe** kneten. Umfüllen und den Fleischteig in 2 Portionen aufteilen. Während die Sauce gleich kocht, die Patties in einer Pfanne mit Olivenöl braten.

REIS:

2 | Wasser mit Gemüsebrühpulver in den sauberen Mixtopf geben. Reis einwiegen, **5 Sekunden / Stufe 8** befeuchten, anschließend **20 Minuten / 100°C / Stufe 4** kochen. Umfüllen und warm halten.

SAUCE:

3 | Zwiebelhälften in den Mixtopf geben, **5 Sekunden / Stufe 5** zerkleinern.

4 | Champignonhälften zugeben, **2 Sekunden / Stufe 3.5** zerkleinern. Mit dem Spatel alles vom Rand nach unten schieben.

5 | Butter zufügen, **5 Minuten / 120°C / Linkslauf / Stufe 1** dünsten.

6 | Rinderfond, Worcestersauce und angerührte Speisestärke hinzufügen, **4 Minuten / 100°C / Linkslauf / Stufe 1** aufkochen.

7 | Sauce mit Salz und Pfeffer abschmecken.

EIER:

8 | Öl in einer Pfanne erhitzen, die Eier aufschlagen, hineingeben und zu 2 Spiegeleiern braten.

9 | Mit Salz würzen.

ANRICHTEN:

Den Reis auf zwei Tellern verteilen. Jeweils 1 Burger-Patty darauf geben und darauf etwas Sauce verteilen. 1 Spiegelei auf das Patty setzen und servieren.

› Loco Moco ist ein Nationalgericht aus Hawaii. Die Hawaiianer essen Loco Moco eigentlich zum Frühstück. Wir essen es auch gerne zu Mittag.

PULLED CHICKEN BURGER – SURFER BURGER

Manchmal muss man sich entscheiden, ob man einfach mal nur genießen oder gut aussehen möchte. Dieser Pulled Chicken Burger ist so ein spezieller Fall. Denn wenn man nicht aufpasst, hat sich die leckere Sauce schnell auf der Bluse verewigt. Unsere Meinung dazu: Guten Appetit! Später ist immer noch genug Zeit, um ans Wäschewaschen zu denken.

8 BURGER
60 MINUTEN + WARTEZEIT

ZUTATEN:

Pulled Chicken:
Gewürzmischung:
1 EL Paprikapulver, edelsüß
1 TL Knoblauchpulver
1 TL Senfkörner
1 TL Piment d'Éspelette (Chilisorte)
1/2 TL Pfefferkörner
2 TL Rohrohrzucker
2 TL Meersalz
30 g Ahornsirup + ein Schuss Olivenöl
1 EL Sojasauce
800 g Hähnchenbrustfilet
100 g Ananassaft
300 g BBQ-Sauce, selbstgemacht oder gekauft

Buns:
120 g Ananassaft
120 g Milch
15 g frische Hefe
60 g weiche Butter
2 Eier, Größe M
50 g Zucker
1,5 TL Salz
1/2 TL Vanilleextrakt
570 g Weizenmehl, Type 550 + etwas zum Bemehlen

zusätzlich benötigtl Ihr:
1 Ei mit etwas Wasser verquirlt

Salat:
100 g Weißkohl
100 g Möhren
2 cm frischer Ingwer
1 Zwiebel
Saft von 1/2 Limette
1 EL Sojasauce
1,5 EL Honig
1 EL Sesamöl
90 g Mayonnaise, hier z.B. Miracle Whip®
20 g Milch
20 g Buttermilch
1 EL Ananassaft
2 EL Reisessig
Salz und Pfeffer

zusätzlich benötigt Ihr:
8 kleine Blätter Kopfsalat
schwarzer Sesam
ofenfester Topf mit Deckel
Auflaufform, 30 x 40 cm

PULLED CHICKEN:

Gewürzmischung:

1 | Alle Zutaten der Gewürzmischung (exklusive Ahornsirup, Sojasauce und Öl) in den Mixtopf geben, **10 Sekunden / Stufe 8** mixen.

2 | Die Gewürzmischung mit Ahornsirup, Sojasauce und etwas Öl mischen, die Hähnchenbrustfilets damit einreiben und im Gefrierbeutel für 24 Stunden im Kühlschrank marinieren.

3 | Am nächsten Tag den Backofen auf 160°C Ober-/Unterhitze vorheizen.

4 | Die marinierten Hähnchenbrustfilets in einen ofenfesten Topf mit Deckel geben und den Ananassaft angießen.

5 | Das Fleisch ca. 2 Stunden garen, bis es ganz weich ist.

6 | Zwischendurch einmal wenden. Die Garzeit kann je nach Dicke des Fleisches variieren.

7 | Deckel abnehmen und weitere ca. 20 Minuten bis zur gewünschten Bräune backen.

8 | Das Fleisch mit zwei Gabeln auseinanderzupfen und mit der BBQ-Sauce mischen.

BUNS:

9 | Ananassaft, Milch und Hefe in den Mixtopf geben, **3 Minuten / 37°C / Stufe 2** erwärmen.

10 | Butter, Eier, Zucker, Salz, Vanilleextrakt und Mehl zugeben, **5 Minuten / Teigstufe** kneten.

11 | Teig in eine Schüssel geben, mindestens 1 Stunde gehen lassen.

12 | Den weichen Teig auf eine mit Mehl bestäubte Arbeitsfläche geben, leicht bemehlen und in 8 gleich große Teigportionen teilen.

13 | Jede Teigportion zu einer Kugel rollen, in eine gefettete Auflaufform setzen und mit dem verquirlten Ei bestreichen.

14 | Abgedeckt nochmal 30 Minuten ruhen lassen.

15 | In dieser Zeit den Backofen auf 190°C Ober-/Unterhitze vorheizen.

16 | Buns ca. 20 Minuten goldbraun backen.

SALAT:

17 | Weißkohl, Möhren und Ingwer in groben Stücken in den Mixtopf geben, **5 Sekunden / Stufe 5** zerkleinern. In eine Schüssel umfüllen.

18 | Zwiebelhälften in den Mixtopf geben und **5 Sekunden / Stufe 6** zerkleinern, zum Kohl geben.

19 | Alle restlichen Zutaten in den Mixtopf geben, **45 Sekunden / Stufe 3.5** mixen, mit Salz und Pfeffer abschmecken.

20 | Dressing zum Salat geben, alles gut verrühren.

FERTIGSTELLEN DER BURGER:

21 | Die Buns aufschneiden und die Schnittflächen nach Belieben in der Pfanne nochmal anrösten.

22 | Ein Salatblatt auf die untere Brötchenhälfte legen, darauf das Fleisch geben.

23 | Den Salat daraufgeben, mit schwarzem Sesam bestreuen und den Brötchendeckel aufsetzen.

› Ein Rezept für BBQ-Sauce findet Ihr auf **foodwithlove.de.** Ihr könnt hier Eure Lieblings-BBQ-Sauce verwenden.

Tijuana
Pulled Chicken

Montreal Poutine

STREETFOOD POMMES 3 VARIANTEN: POUTINE, TIJUANA, PULLED CHICKEN

Wie heißt es so schön: Fries Before Guys! Doch keine Sorge, Eure Männer werden sicherlich Verständnis dafür haben, wenn Ihr diese superleckeren Streetfood Pommes zubereitet. Die köstlichen Varianten sind ein wahres Fest für Auge und Gaumen – „Pommes Schranke" kann schließlich jeder.

POMMES

4 – 6 PORTIONEN
POMMES: 40 MINUTEN + WARTEZEIT

ZUTATEN:

1,5 kg Kartoffeln
4 EL Sonnenblumenöl
3 TL Meersalz

1 | Den Backofen auf 240°C Ober-/Unterhitze vorheizen. Ein Backblech mit Backpapier belegen.

2 | Kartoffeln schälen und in etwa 1 cm dicke Stifte schneiden. Anschließend unter fließendem Wasser abspülen.

3 | Stifte in eine große Schüssel geben und mit kochendem Wasser übergießen. 10-15 Minuten einweichen lassen und anschließend abgießen und gut trocken tupfen.

4 | Pommes mit Öl und Salz vermischen, auf das Backblech geben, verteilen und ca. 30 Minuten goldbraun backen. Zwischendurch einmal wenden.

MONTREAL POUTINE

4 – 6 PORTIONEN
25 MINUTEN

ZUTATEN:

1 Schalotte
1 Knoblauchzehe
30 g Butter
30 g Mehl
400 g Rinderfond
100 g Schwarzbier
30 g Ketchup
1 TL Balsamicoessig, dunkel
2 TL Worcestersauce
1 EL Honig
1 TL Paprikapulver, edelsüß
1 TL Sojasauce
1 TL Speisestärke, in etwas Wasser angerührt
4 Champignons, weiß, in Scheiben geschnitten
100 g Mozzarella
Salz und Pfeffer

zusätzlich benötigt Ihr:
Öl zum Anbraten

1 | Schalotte und Knoblauchzehe in den Mixtopf geben, **5 Sekunden / Stufe 5** zerkleinern. Mit dem Spatel alles vom Rand nach unten schieben.

2 | Butter zugeben, **3 Minuten / 120°C / Stufe 1** dünsten.

3 | Mehl hinzufügen, **2 Minuten / 100°C / Stufe 1** anschwitzen.

4 | Rinderfond, Schwarzbier, Ketchup, Balsamico, Worcestersauce, Honig, Paprika und Sojasauce zugeben, **10 Minuten / 100°C / Stufe 1** kochen.

5 | Angerührte Speisestärke hinzugeben, weitere **3 Minuten / 100°C / Stufe 1** kochen.

6 | In der Zwischenzeit die Champignons in Öl anbraten und zur Sauce geben.

7 | Mit Salz und Pfeffer abschmecken.

8 | Mozzarella zerzupfen und mit der Braten-Champignonsauce auf die Pommes geben.

TIJUANA

4 - 6 PORTIONEN
5 MINUTEN +
KÜHLZEIT

ZUTATEN:

Guacamole:
1 kl. getrocknete Chilischote
1 kleine rote Zwiebel
1 Knoblauchzehe
2 Avocados, reif
1 Strauchtomate, geviertelt
Saft von 1 Limette
2 EL Crème Fraîche
Salz und Pfeffer

Sour Cream:
1 Knoblauchzehe
100 g Crème Fraîche
200 g Magerquark
1 EL Weißweinessig
1 TL Zucker
1/2 TL Salz
1 Prise Pfeffer
1 Spritzer Zitronensaft

zusätzlich benötigt Ihr:
10 Cherrytomaten, entkernt und gewürfelt

GUACAMOLE:

1 | Chilischote, Zwiebel und Knoblauchzehe in den Mixtopf geben, **3 Sekunden / Stufe 8** zerkleinern. Mit dem Spatel alles vom Rand nach unten schieben.

2 | Avocadofruchtfleisch, Tomate, Limettensaft und Crème Fraîche zugeben, **6 Sekunden / Stufe 4** verrühren.

3 | Nochmal mit Salz und Pfeffer abschmecken.

SOUR CREAM:

4 | Knoblauchzehe in den Mixtopf geben, **5 Sekunden / Stufe 5** zerkleinern.

5 | Mit dem Spatel vom Rand nach unten schieben.

6 | Restliche Zutaten zugeben, **20 Sekunden / Stufe 4** verrühren.

7 | Creme mindestens 1 Stunde im Kühlschrank ziehen lassen.

8 | Guacamole mit Sour Cream und Tomatenwürfeln auf die Pommes geben.

PULLED CHICKEN

4 - 6 PORTIONEN
60 MINUTEN +
WARTEZEIT

ZUTATEN:

siehe Pulled Chicken Seite 128

Coleslaw:
1 kleiner Weißkohl, ca. 300 g
150 g Naturjoghurt
1 EL Mayonnaise
3 EL brauner Zucker
2 EL Weißweinessig
Salz und Pfeffer

zusätzlich benötigt Ihr:
2 rote Zwiebeln, gehobelt

COLESLAW:

1 | Weißkohl in groben Stücken in den Mixtopf geben und in 2 Durchgängen **5 Sekunden / Stufe 4.5** zerkleinern und in eine Schüssel umfüllen.

2 | Alle restlichen Zutaten in den Mixtopf geben, **45 Sekunden / Stufe 3.5** mixen.

3 | Dressing mit Salz und Pfeffer abschmecken, zum Salat geben.

4 | Pulled Chicken mit Krautsalat und Zwiebelringen auf die Pommes geben.

BUNTER NUDELSALAT MIT MANDELMUS-DRESSING

Mandelmus-Alarm im Nudelsalat: Wir sagen Euch, da langt selbst der größte Salatkritiker gerne mehrmals zu. Was das Geheimnis daran ist? Die Kombination aus Pasta, Blattspinat, knackiger Paprika und der cremigen Sauce – dieser Mischung kann kaum jemand widerstehen.

4 PORTIONEN
30 MINUTEN

ZUTATEN:

350 g Farfalle
1 Handvoll Baby-Blattspinat
je 1 grüne und rote Paprikaschote
3 Tomaten
1/2 Bund Petersilie
2 Knoblauchzehen
2 EL Olivenöl
50 g Tomatenmark
50 g Mandelmus, weiß
1 TL Honig
1/2 TL Dijonsenf
20 g Sojasauce
100 g Wasser
1 kl. Dose Mais, Abtropfgewicht 140 g

zusätzlich benötigt Ihr:
2 EL Walnussöl
Salz und Pfeffer aus der Mühle
50 g geröstete Erdnüsse

1 | Pasta nach Packungsangabe in Salzwasser bissfest kochen. Anschließend abgießen und abtropfen lassen. Nicht mit kaltem Wasser abschrecken!

2 | Spinat waschen und Stiele entfernen.

3 | Paprikaschoten entkernen und in Würfel schneiden.

4 | Tomaten waschen, halbieren und den Strunk entfernen, anschließend in Würfel schneiden.

5 | Petersilie in den Mixtopf geben, **3 Sekunden / Stufe 8** zerkleinern und umfüllen.

6 | Knoblauchzehen in den Mixtopf geben, **5 Sekunden / Stufe 5** zerkleinern. Mit dem Spatel vom Rand nach unten schieben.

7 | Olivenöl und Paprikawürfel zugeben, **3 Minuten / 120°C / ⟲ Linkslauf / Stufe 1** dünsten.

8 | Tomatenmark, Mandelmus, Honig, Senf, Sojasauce und Wasser zugeben, **4 Minuten / 100°C / ⟲ Linkslauf / Stufe 1** aufkochen.

9 | Sauce zu den Nudeln geben, gut mischen und Spinat, Tomaten, Mais und Petersilie unterheben.

10 | Mit Salz, Pfeffer und Sojasauce abschmecken, mit Erdnüssen bestreuen, Walnussöl darüber träufeln und servieren.

NUDELSALAT PICO BELLA

Nein, nein ... Keine Sorge, wir servieren Euch natürlich keinen Nudelsalat, gefüllt mit Fruchtgummikonfekt-Stücken. Dieser tolle Farbmix mit buntem Gemüse erinnerte uns einfach an das kunterbunte Konfekt oder doch eher an Bügelperlen? Was meint Ihr?

CA. 6 PORTIONEN
30 MINUTEN

ZUTATEN:

250 g kleine Nudeln
1 l Rote-Bete-Saft
1/2 TL Salz

Salat:

1 rote Paprika, gewürfelt
1 grüne Paprika, gewürfelt
1 Schlangengurke, gewürfelt
10 Cocktailtomaten, halbiert
2 Frühlingszwiebeln, in Ringe geschnitten
1 Dose Mais, Abtropfgewicht 285 g
10 Radieschen, in Würfel geschnitten

Dressing:

1 Knoblauchzehe
1/2 Bund Petersilie
40 g Olivenöl
30 g heller Balsamico
1 TL Honig
1 TL Salz
1 Prise Pfeffer
1 TL Sojasauce

1 | Die Nudeln nach Packungsangabe im Topf kochen, jedoch in Rote-Bete-Saft statt in Wasser. Abschrecken, etwas abkühlen lassen und in eine Schüssel geben.

SALAT:

2 | Gewürfeltes Gemüse, Frühlingszwiebeln, Mais und Radieschen zu den Nudeln geben.

DRESSING:

3 | Knoblauch und Petersilie in den Mixtopf geben, **3 Sekunden / Stufe 8** zerkleinern.

4 | Restliche Dressingzutaten zugeben, **2.5 Minuten / 50°C / Stufe 2** erwärmen und verrühren.

5 | Dressing über den Salat geben und alles gut verrühren.

Die Nudeln nehmen den Rote-Bete-Geschmack nicht an! Der Saft sorgt nur für die Farbe.

› Die Dressingzutaten werden kurz erwärmt, da sie sich dann besser verbinden und es aromatischer schmeckt.

DÜSSELDORFER KARTOFFELSALAT

Wir sind Düsseldorfer Mädchen durch und durch und stolz darauf. In der schönsten Stadt am Rhein gibt es nicht nur Altbier, sondern auch Köstlichkeiten wie z.B. Löwensenf, Killepitsch (das ist ein Kräuterlikör) und diesen Salat. Für uns der Klassiker unter den Kartoffelsalaten.

4 PORTIONEN
45 MINUTEN + CA. 1 STUNDE WARTEZEIT

ZUTATEN:

500 g warmes Wasser
600 g Kartoffeln
1 rote Paprikaschote
1 Salatgurke, entkernt
1/2 Bund Frühlingszwiebeln
30 g Senf
100 g Schmand
100 g saure Sahne
35 g Kräuteressig
1 EL Sonnenblumenöl
1 TL Sojasauce
1 TL Zucker
Salz und Pfeffer

zusätzlich benötigt Ihr:
1/2 Bund Petersilie, gehackt

1 | Wasser in den Mixtopf geben, Kartoffeln in den Varoma-Behälter einwiegen, aufsetzen und **30 Minuten / Varoma / Stufe 1** garen.

2 | Varoma-Behälter abnehmen, Kartoffeln kurz abkühlen lassen, anschließend pellen und in grobe Würfel schneiden. Auskühlen lassen.

3 | Paprika und Salatgurke ebenso würfeln. Frühlingszwiebeln in Ringe schneiden und alles zusammen in eine Schüssel geben.

4 | Für das Dressing Senf, Schmand, saure Sahne, Essig, Öl, Sojasauce und Zucker in den Mixtopf geben, **20 Sekunden / Stufe 3** verrühren.

5 | Mit Salz und Pfeffer abschmecken.

6 | Dressing über den Salat geben und ca. 1 Stunde ziehen lassen.

7 | Kartoffelsalat nochmal abschmecken und mit Petersilie bestreut servieren.

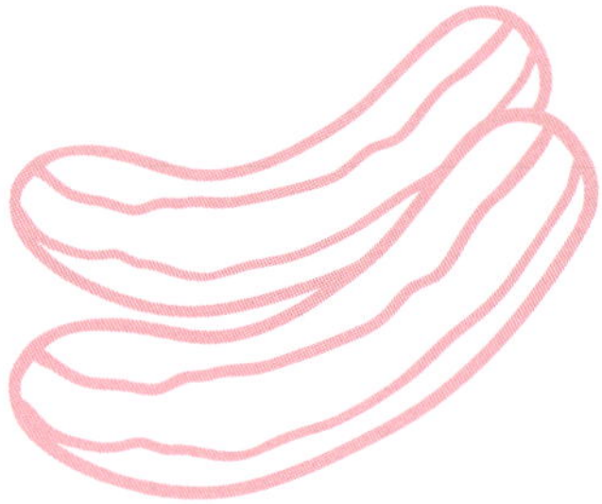

KÖNIGSBERGER KLOPSE WIE VON OMA

Omas Rezepte sind immer die Besten! Doch manchmal lohnt es sich, wenn man minimal am Rädchen dreht und ein bisschen was verändert. Die eventuell ein wenig verstaubten Aromen werden durch frische ersetzt und schon hat man ein neues fantastisches Geschmackserlebnis. Entstehen Familienrezepte nicht genau so?

4 PORTIONEN
60 MINUTEN

ZUTATEN:

Klopse:

1/2 Bund Petersilie
1 Zweig Rosmarin
1 Zweig Thymian
3 Sardellenfilets
1 kl. Glas Kapern, Abtropfgewicht 30 g
2 Schalotten
1 EL Olivenöl
500 g Kalbshackfleisch
1 EL Dijonsenf
1/2 TL Paprikapulver, edelsüß
3/4 TL Salz
1/4 TL Pfeffer
1 Ei, Größe L
60 g Paniermehl
1 Brötchen vom Vortag in 200 ml Milch eingeweicht
900 g Wasser
1 Fleischbrühwürfel
2 Lorbeerblätter
2 Nelken
700 g Kartoffeln

Sauce:

2 Schalotten
60 g Butter
1 Prise Salz und Pfeffer
1 Prise Zucker
500 ml der Garflüssigkeit aus dem Mixtopf
200 g Sahne
Abrieb von 1/2 Zitrone
1 TL Zitronensaft
1 Schuss Kapernflüssigkeit
1 TL Salz
1/4 TL Pfeffer
50 g Speisestärke, in etwas Wasser angerührt
1 Prise Muskat

zusätzlich benötigt Ihr:
gehackte Petersilie zum Garnieren

KLOPSE:

1 | Petersilie, Rosmarin, Thymian, Sardellenfilets und 2/3 der Kapern in den Mixtopf geben, **3 Sekunden / Stufe 8** zerkleinern und umfüllen.

2 | Schalottenhälften in den Mixtopf geben, **5 Sekunden / Stufe 5** zerkleinern.

3 | Mit dem Spatel nach unten schieben.

4 | Öl zugeben, **3 Minuten / 120°C / Stufe 1** dünsten.

5 | Hackfleisch, Kräutergemisch, Senf, Paprika, Salz, Pfeffer, Ei, Paniermehl und das ausgedrückte Brötchen zugeben, **2 Minuten / Teigstufe** kneten.

6 | Mit nassen Händen aus dem Fleischteig ca. 12 kleine Bällchen formen und im Varoma und Varoma-Einlegeboden verteilen. Den Deckel auflegen.

7 | Mixtopf säubern.

8 | Wasser, Brühwürfel, Lorbeerblätter und Nelken in den Mixtopf geben, Gareinsatz einhängen und Kartoffeln einwiegen, Varoma-Behälter aufsetzen, **30 Minuten / Varoma / Stufe 1** garen.

9 | Varoma mit Fleischbällchen und Gareinsatz mit Kartoffeln zur Seite stellen und warm halten.

10 | Mixtopf leeren und dabei 500 ml Garflüssigkeit auffangen.

SAUCE:

11 | Schalottenhälften in den Mixtopf geben, **5 Sekunden / Stufe 5** zerkleinern.

12 | Mit dem Spatel nach unten schieben.

13 | Butter, Salz, Pfeffer und Zucker zugeben, **3 Minuten / 120°C / Stufe 1** dünsten.

14 | Garflüssigkeit, Sahne, Zitronenabrieb, Zitronensaft, einen Schuss Kapernflüssigkeit und restliche Kapern zugeben, **7 Minuten / 100°C / ↺ Linkslauf / Stufe 3** aufkochen.

15 | Speisestärke zugeben, nochmal **3 Minuten / 100°C / ↺ Linkslauf / Stufe 3** unterrühren.

16 | Sauce mit Salz, Pfeffer und Muskat abschmecken.

17 | Königsberger Klopse in einem großen tiefen Teller anrichten und mit Kartoffeln und gehackter Petersilie servieren.

› Wer keine Sardellen mag: Königsberger Klopse schmecken auch ohne! Einfach ersatzlos streichen.

TRÜMMERHAUFEN – SMASHED POTATOES MIT HARISSACREME

Wir haben eine Neuentdeckung aus den USA: Innen zart, außen kross! Smashed Potatoes sind eine Mischung aus Ofenkartoffeln, Wedges und Stampfkartoffeln – ideal für alle, die sich nie entscheiden können. Wir lieben sie, ob als Grillbeilage oder pur mit verschiedenen Toppings.

6 STÜCK
90 MINUTEN

ZUTATEN:

Harissacreme:

1 Knoblauchzehe
100 g Joghurt
100 g Schmand
2 EL Harissa-Paste
1/2 TL Salz
1 Spritzer Zitronensaft

Kartoffeln:

700 g warmes Wasser
6 mittelgroße Kartoffeln, mehligkochend
2 EL Olivenöl
1/2 TL Knoblauchsalz
1/2 TL schwarzer Pfeffer
40 g Parmesan

zusätzlich benötigt Ihr:

gehackte Petersilie zum Garnieren

HARISSACREME:

1 | Knoblauchzehe in den Mixtopf geben, **5 Sekunden / Stufe 5** zerkleinern. Mit dem Spatel vom Rand nach unten schieben.

2 | Joghurt, Schmand, Harissa, Salz und Zitronensaft zugeben, **20 Sekunden / Stufe 3** unterrühren und bis zur Verwendung kühl stellen.

KARTOFFELN:

3 | Wasser in den Mixtopf geben, Varoma-Behälter aufsetzen, Kartoffeln mit Schale einwiegen, Varoma verschließen und **35 Minuten / Varoma / Stufe 1** garen.

4 | Die Garzeit richtet sich nach der Größe Eurer Kartoffeln. Sie sollten noch leichten Biss haben.

5 | Backofen auf 220°C Ober-/Unterhitze vorheizen.

6 | Vorgegarte Kartoffeln auf einem mit Backpapier ausgelegten Backblech verteilen und mit einem Kartoffelstampfer oder der Unterseite eines kleinen Topfs flachdrücken, sozusagen zertrümmern.

7 | Kartoffeln mit Olivenöl, Knoblauchsalz und Pfeffer würzen und auf mittlerer Schiene etwa 35–40 Minuten goldbraun backen.

8 | Die Schale sollte schön crispy sein.

9 | Wer mag, gibt noch in den letzten 3–4 Minuten Parmesan darüber und lässt ihn schmelzen.

10 | Smashed Potatoes mit Petersilie garniert und Harissacreme servieren.

MAN KANN NATÜRLICH AUCH ÜBERGEBLIEBENE KARTOFFELN VOM VORTAG VERWENDEN.

› Smashed Potatoes sind eine Variante der Ofenkartoffeln und der Stampfkartoffeln. Sie entfalten im Ofen mit den richtigen Gewürzen ein tolles Aroma! Uns persönlich gefällt am meisten an dieser Zubereitung, dass die Kartoffeln innen schön weich und außen super knusprig werden.

LACHSQUICHE

Zugegebenermaßen sind wir nicht die größten Fischliebhaber. Der eine oder andere von Euch hat es sicher schon bemerkt. Doch Lachs mögen wir in der Tat ganz gerne. Denn das beste an diesem Fisch, neben dem herrlich saftigen und zarten Fleisch, ist: er schmeckt warm so gut wie kalt – genau wie diese Quiche.

12 STÜCKE
70 MINUTEN + WARTEZEIT

ZUTATEN:

Teig:

210 g Weizenmehl, Type 405
100 g kalte Butter
1 Ei, Größe M
1 TL Salz
1 EL Milch

Füllung:

30 g Butter
2 Stangen Lauch, in Ringe geschnitten
300 g Lachsfilet, in mundgerechte Stücke geschnitten
2 Stängel Dill
3 Eier, Größe M
100 g Sahne
100 g Crème Fraîche
100 g Milch
1 TL Salz
1/4 TL schwarzer Pfeffer
1 TL Zitronensaft
1 Msp. Muskat

zusätzlich benötigt Ihr:

1 Quiche- oder Springform, Ø 28 cm

TEIG:

1 | Mehl, Butter, Ei, Salz und Milch in den Mixtopf geben, **20 Sekunden / Stufe 5** zu einem Teig verarbeiten, in Frischhaltefolie wickeln und 30 Minuten in den Kühlschrank legen.

2 | Den Backofen auf 180°C Ober-/Unterhitze vorheizen.

3 | Teig auf bemehlter Arbeitsfläche ausrollen und in die Quiche- oder Springform geben, mit einer Gabel mehrmals einstechen und 15 Minuten vorbacken.

FÜLLUNG:

4 | Butter und Lauch in den Mixtopf geben, **10 Minuten / 120°C / Linkslauf / Stufe 2** dünsten und auf den Teigboden geben.

5 | Die Lachswürfel daraufgeben.

6 | Dill in den sauberen Mixtopf geben, **3 Sekunden / Stufe 8** zerkleinern. Mit dem Spatel alles nach unten schieben.

7 | Eier, Sahne, Crème Fraîche, Milch, Salz, Pfeffer, Zitronensaft und Muskat zugeben, **10 Sekunden / Stufe 3.5** vermischen, über der Quiche verteilen und ca. 40 Minuten backen.

8 | Nach halber Backzeit evtl. mit Alufolie oder Backpapier abdecken.

9 | Quiche sofort servieren.

PHILLY CHEESESTEAK SANDWICH

Dieses Sandwich ist eine Spezialität aus Philadelphia und gehört mit zu den bekanntesten Steak-Sandwiches überhaupt. Doch wie es bei regionalen Rezepten leider häufig der Fall ist, weiß niemand mehr, welches die ursprünglichen Originalzutaten sind. Eines haben sie aber heute immer noch gemeinsam: dünnes, würziges Steakfleisch und vieeeeeeel zerlaufenen Käse.

2 STÜCK
40 MINUTEN

ZUTATEN:

Käsesauce:
20 g Butter
20 g Mehl
110 g Milch
50 g Sahne
80 g Cheddar

Füllung:
250 g Rindersteak
1 Zwiebel, dünn gehobelt
1 Paprikaschote, Farbe nach Belieben, in Streifen geschnitten
100 g Champignons, in Scheiben geschnitten
1 Knoblauchzehe, zerdrückt
250 g Rindersteak
Salz und Pfeffer
2 EL Cheddar, gerieben

zusätzlich benötigt Ihr:
2 EL Olivenöl zum Anbraten
2 Baguettebrötchen
2 EL Ketchup zum Bestreichen
gehackte Petersilie zum Bestreuen

1 | Das Steakfleisch für 30 Minuten einfrieren, dann lässt es sich besser in dünne Scheiben schneiden. In der Zwischenzeit die Käsesauce zubereiten.

KÄSESAUCE:

2 | Butter in den Mixtopf geben, **3 Minuten / 100°C / Stufe 1** schmelzen.

3 | Mehl zufügen, **3 Minuten / 100°C / Stufe 1** anschwitzen.

4 | Milch und Sahne zugeben, **6 Minuten / 90°C / Stufe 3** erhitzen.

5 | Cheddar zugeben, nochmal **3 Minuten / 80°C / Stufe 1** unterrühren und schmelzen lassen.

6 | Die Käsesauce sollte cremig sein, gegebenenfalls noch etwas Milch zugeben.

FÜLLUNG:

7 | Eine Pfanne auf mittlerer Stufe erhitzen, das Öl hineingeben. Zwiebel, Paprika, Champignons und Knoblauchzehe hineingeben, goldbraun braten und umfüllen.

8 | Das Fleisch in die Pfanne geben und im Bratfett scharf anbraten. Mit Salz und Pfeffer würzen.

9 | Gemüsemischung zugeben, alles gut mischen und den Cheddar darauf geben und schmelzen lassen. Am besten einen Deckel dazu auflegen.

10 | In der Zwischenzeit die Baguettes einmal längs durchschneiden, etwas aushöhlen und jeweils 1 EL Ketchup auf die untere Hälfte verstreichen.

11 | Wenn der Käse auf dem Steakfleisch geschmolzen ist, die Mischung auf jeweils ein Unterteil eines Baguettes geben, mit jeweils etwas Käsesauce und Petersilie toppen und den Baguettedeckel auflegen.

Sofort servieren.

› Ihr möchtet die Baguettes selber machen? Kein Problem. Dazu findet Ihr auf **foodwithlove.de** ein Baguette-Rezept.

Count memories NOT calories!

SCHOKORIEGEL-KUCHEN

„Meine Arbeitskollegen lieben Kinderriegel®! Immer liegen die Riegel irgendwo im Büro rum. Da musste ich nicht lange überlegen, was ich für meine Kollegen backen kann. Mit diesem Kuchen konnte ich alle sehr glücklich machen.“ (Joëlle)

12 STÜCKE
65 MINUTEN + WARTEZEIT

ZUTATEN:

250 g weiche Butter + etwas zum Einfetten
200 g Zucker
1 TL Vanillezucker
1 Prise Salz
4 Eier, Größe M
125 g Vollmilchjoghurt
125 g Milch
470 g Weizenmehl, Type 405 + zum Bestäuben
1 Pk. Backpulver
10 Schokoriegel z.B. von Kinderriegel®

zusätzlich benötigt Ihr:

50 g weiße Schokolade
50 g Vollmilchschokolade
2 Schokoriegel, z.B. von Kinderriegel®
Gugelhupfform, Ø 23 cm

1 | Den Backofen auf 180°C Ober-/Unterhitze oder 160°C Umluft vorheizen. Die Gugelhupfform fetten und leicht mit Mehl bestäuben.

2 | Rühraufsatz in den Mixtopf einsetzen.

3 | Butter mit Zucker, Vanillezucker und Salz in den Mixtopf geben, **4 Minuten / Stufe 3** cremig aufschlagen.

4 | Rühraufsatz entfernen.

5 | Den Messbecher aus dem Deckel nehmen, weitere **1 Minute / Stufe 4** einstellen und die Eier nach und nach durch die Deckelöffnung zugeben und unterrühren.

6 | Joghurt, Milch, Mehl und Backpulver zugeben, **20 Sekunden / Stufe 5** mit Hilfe des Spatels unterheben.

7 | Mit dem Spatel alles vom Rand nach unten schieben und weitere **5 Sekunden / Stufe 5** verrühren.

8 | 10 Schokoriegel in kleine Stücke schneiden und mit dem Spatel vorsichtig unter den Teig heben, dann in die Backform füllen.

9 | Im heißen Ofen ca. 50 Minuten backen. Stäbchenprobe durchführen.

10 | Kuchen 15 Minuten in der Form auskühlen lassen und vorsichtig stürzen.

11 | Wenn der Kuchen erkaltet ist, die weiße Schokolade und die Vollmilchschokolade getrennt voneinander kurz in der Mikrowelle schmelzen oder jeweils in Stücken in den Mixtopf geben, **5 Sekunden / Stufe 5** zerkleinern und mit dem Spatel nach unten schieben, dann **4 Minuten / 45°C / Stufe 1** schmelzen und beides auf dem Kuchen verteilen.

12 | Mit den restlichen Schokoriegeln in Stücken garniert servieren.

SCHOKINO

„Mein Mann liebte diesen Kuchen bereits als Fertigbackmischung. Eines Tages hab ich mir gedacht, das kann ich auch und entwickelte einfach mein eigenes Schokino-Rezept! Gesagt getan und nach dem ersten Bissen sagte mein Mann: ‚Schatz, der schmeckt sogar noch besser!'" (Manuela)

CA. 12 STÜCKE
70 MINUTEN + WARTEZEIT

ZUTATEN:

300 g weiche Butter + etwas zum Einfetten
180 g Zucker
1 TL Vanilleextrakt
1 Prise Salz
5 Eier, Größe M
370 g Weizenmehl, Type 405
1 Pk. Backpulver
50 g Milch

zusätzlich benötigt Ihr:

120 g gehackte Zartbitterschokolade oder Schokostückchen
200 g Zartbitterkuvertüre
Kastenform, etwa 25 cm lang

1 | Den Backofen auf 180°C Ober-/Unterhitze vorheizen. Eine Kastenform fetten.

2 | Alle Zutaten für den Teig in den Mixtopf geben, **20 Sekunden / Stufe 5** verrühren.

3 | Mit dem Spatel alles nach unten schieben und mit Hilfe des Spatels weitere **2 Minuten / Stufe 5** cremig rühren.

4 | Die Schokostückchen mit dem Spatel unterheben und den Teig in die Backform geben.

5 | Im unteren Drittel 55 Minuten backen. Nach 15 Minuten mit einem Messer einschneiden.

6 | Kuchen 10 Minuten in der Form auskühlen lassen, dann vorsichtig stürzen und komplett auskühlen lassen.

7 | Für den Guss die Zartbitterkuvertüre in Stücken in den Mixtopf geben, **10 Sekunden / Stufe 8** zerkleinern, anschließend **5 Minuten / 50°C / Stufe 1** schmelzen.

8 | Guss über den Kuchen geben und fest werden lassen.

enjoy!

CAPPUCCINO-SAHNETORTE

Es ist Sonntag und die Liebsten kommen zu Besuch. Natürlich darf da die süße Begleitung des geselligen Nachmittags nicht fehlen. Unsere Torte sorgt für das perfekte Kuchenglück auf Eurer Tafel. Sie wird nicht nur leidenschaftliche Kaffee-Liebhaber begeistern. Versprochen!

1 TORTE, 12 STÜCKE
70 MINUTEN

ZUTATEN:

Biskuit:
7 Eier, Größe M
230 g Puderzucker
1 TL Vanillezucker
140 g Mehl
1 TL Backpulver

Cappuccinocreme:
750 g Sahne
3 Pk. Sahnesteif
2 TL Vanillezucker
Mark von 1 Vanilleschote
40 g Cappuccino-Pulver

zusätzlich benötigt Ihr:
hohe Backform, Ø 24–26 cm
Konditormesser

BISKUIT:

1 | Den Backofen auf 160°C Umluft vorheizen.

2 | Rühraufsatz in den Mixtopf einsetzen.

3 | Eier, Puderzucker und Vanillezucker in den Mixtopf geben, **10 Minuten / 37°C / Stufe 4** aufschlagen.

4 | Weitere **6 Minuten ohne Temperatur / Stufe 4** aufschlagen.

5 | Mehl und Backpulver **4 Sekunden / Stufe 3** unterrühren.

6 | Eine Backform am Boden fetten oder mit Backpapier auslegen.

7 | Teig einfüllen und ca. 40 Minuten backen. Stäbchenprobe durchführen.

8 | Biskuit sofort aus der Form stürzen und komplett auskühlen lassen.

CREME:

9 | Rühraufsatz in den gereinigten Mixtopf einsetzen.

10 | Sahne, Sahnesteif, Vanillezucker und Vanillemark **unter Sichtkontakt bei Stufe 3.5** steif schlagen.

11 | Zum Schluss hin das Cappuccino-Pulver durch die Deckelöffnung einrieseln lassen.

12 | Den ausgekühlten Tortenboden mit einem Konditormesser quer halbieren, sodass zwei Böden entstehen.

13 | Den ersten Boden mit der Hälfte der Cappuccinocreme ca. 1 cm dick ausstreichen. Den zweiten Boden aufsetzen und leicht andrücken. Mit der restlichen Creme die Torte von außen einstreichen.

14 | Torte nach Belieben verzieren.

BROOKIES – BROWNIE AND COOKIE BARS

Manchmal glauben wir, wir haben bereits unser absolutes Lieblings-Brownie-Rezept gefunden und dann zack – wird die Lieblingsliste um ein neues Verwöhnrezept erweitert. Neuestes Mitglied auf unserer Liste ist diese Brookie-Version. Ist es ein Brownie, ist es ein Cookie? Egal, es ist verdammt lecker!

12 STÜCK
50 MINUTEN

ZUTATEN:

Brownie-Teig:

80 g weiche Butter
80 g Weizenmehl, Type 405
40 g Backkakao
50 g brauner Zucker
70 g weißer Zucker
1/2 TL Vanilleextrakt
1 Ei, Größe L
1/2 TL Backpulver
1 Prise Salz
120 g weiße Schokolade, grob gehackt

Cookie-Teig:

110 g weiche Butter
190 g Weizenmehl, Type 405
50 g weißer Zucker
80 g brauner Zucker
1 Ei, Größe L
1/2 TL Vanilleextrakt
1/4 TL Natron
1/4 TL Backpulver
1/4 TL Salz
100 g Zartbitterschokolade, grob gehackt

zusätzlich benötigt Ihr:

1 EL gemischte weiße- und Zartbitterschokolade, grob gehackt
Backform, 22 x 33 cm

BROWNIE-TEIG:

1 | Den Backofen auf 170°C Ober-/Unterhitze vorheizen.

2 | Butter in den Mixtopf geben, **4 Minuten / 50°C / Stufe 2** schmelzen.

3 | Mehl, Backkakao, braunen und weißen Zucker, Vanilleextrakt, Ei, Backpulver und Salz zugeben, **1 Minute / Stufe 4** verrühren.

4 | Weiße Schokoladenstückchen mit dem Spatel unterheben und umfüllen.

5 | Mixtopf spülen.

COOKIE-TEIG:

6 | Butter in den Mixtopf geben, **4 Minuten / 50°C / Stufe 2** schmelzen.

7 | Mehl, weißen und braunen Zucker, Ei, Vanilleextrakt, Natron, Backpulver und Salz zugeben, **1 Minute / Stufe 4** verrühren.

8 | Zartbitterschokostücke mit dem Spatel unterheben und umfüllen.

9 | Etwas von dem Cookie-Teig mit einem Esslöffel oder einem Teigportionierer zu Teigkugeln formen und diese in eine mit Backpapier ausgelegte Backform geben.

10 | In die Zwischenräume auf gleiche Weise etwas Brownie-Teig geben.

11 | Weitere Teigkugeln hinzugeben, bis beide Teigsorten aufgebraucht sind.

12 | Alles etwas flacher drücken, sodass sich die Teigportionen berühren.

13 | Brookies mit dem verbliebenen Schokomix bestreuen und im Ofen ca. 25 Minuten backen.

14 | Stäbchenprobe durchführen! Es darf noch etwas am Stäbchen hängen bleiben. So werden die Brookies schön saftig. Beim Abkühlen härten sie auch etwas nach.

15 | Auf einem Kuchengitter auskühlen lassen und nach dem Abkühlen in 12 Quadrate schneiden.

› Diese Brownie and Cookie Bars lassen sich im luftdichten Behälter 2–3 Tage gut aufbewahren.

› Aus Puderzucker und Wasser einen zähflüssigen Zuckerguss auftragen und in Kokosraspel wälzen.
› Für die norwegische Variante wird zum Teig das Kardamompulver zugegeben.

PUDDINGKISSEN – ZWEI VARIANTEN

An manchen Tagen muss man einfach naschen! Kennt Ihr das auch? Für diesen Fall haben wir uns für Euch gleich zwei zauberhafte Variationen der Puddingkissen ausgedacht. Diese wunderbar fluffige Nascherei gibt es einmal für Kokosliebhaber und dann für alle, die Vanille pur mögen.

12 STÜCK
60 MINUTEN + WARTEZEIT

ZUTATEN:

Teig:
250 g Milch
80 g weiche Butter
20 g frische Hefe
70 g Zucker
500 g Weizenmehl, Type 550 + etwas zum Bemehlen
1 Eigelb, Größe M

Puddingcreme:
250 g Milch
35 g Speisestärke
4 Eier, Größe M
1 TL Vanillezucker
70 g Puderzucker

zusätzlich benötigt Ihr:
1 Ei, Größe M, verquirlt zum Bestreichen
Öl zum Ausstreichen der Schüssel

zusätzlich benötigt Ihr für die zweite, norwegische Variante:
1 TL Kardamompulver
Zuckerguss
Kokosraspel

TEIG:

1 | Milch, Butter und Hefe in den Mixtopf geben, **3 Minuten / 37°C / Stufe 2** erwärmen.

2 | Zucker, Mehl und Eigelb zugeben, **5 Minuten / Teigstufe** kneten.

3 | Den Teig in eine mit Öl ausgestrichene Schüssel geben und abgedeckt 1 Stunde ruhen lassen.

4 | Den Teig auf eine bemehlte Arbeitsfläche geben, in 12 gleich große Portionen teilen und zu Kugeln formen. Abgedeckt nochmal 30 Minuten ruhen lassen.

CREME:

5 | In der Zwischenzeit die Füllung zubereiten. Rühraufsatz in den Mixtopf einsetzen.

6 | Alle Zutaten für die Puddingcreme in den Mixtopf geben, **7 Minuten / 90°C / Stufe 4** aufschlagen.

7 | Die Creme sollte eine puddingartige Konsistenz haben.

8 | Rühraufsatz entfernen, Creme **5 Sekunden / Stufe 9** mixen.

9 | Umfüllen, mit Frischhaltefolie abdecken und abkühlen lassen.

10 | Den Backofen auf 200°C Ober-/Unterhitze vorheizen. Zwei Backbleche mit Backpapier auslegen.

11 | Eine tiefe Mulde in die Teigbällchen formen, z.B. mit einem Glas. Unsere Mulde hatte einen Durchmesser von etwa 6 cm.

12 | Vanillecreme einfüllen, den Rand mit dem verquirlten Ei bestreichen.

13 | Die Bleche nacheinander in den Ofen geben und die Puddingkissen 20 Minuten goldbraun backen.

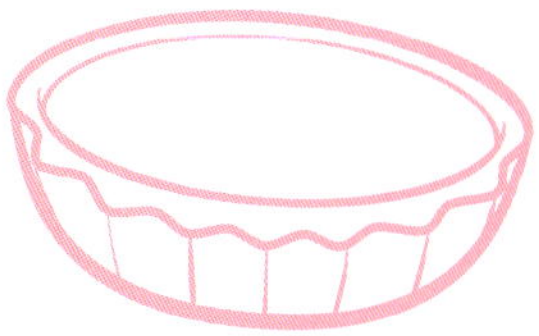

› Nussnougat bekommt Ihr in der Backwarenabteilung.

CHOC-NOC-ZUPFBROT

Zupfbrot ist immer eine gute Idee und macht auch optisch ganz schön was her. Es gibt die unterschiedlichsten Variationen, die meisten kennen das Zupfbrot eher herzhaft. Aber wir zeigen Euch heute, dass es auch süß geht. Lasst Euch mit diesem Zupfbrot in die wunderbare Welt der Schokolade entführen. Übrigens: Mit der Zugabe von Nougat ist auch diese süße Sünde noch steigerungsfähig!

1 BROT
60 MINUTEN + WARTEZEIT

ZUTATEN:

Teig:
70 g Wasser
50 g Zucker
1/2 Würfel frische Hefe
140 g Milch
500 g Weizenmehl, Type 550 + etwas zum Bemehlen
1 gute Prise Salz
1 Ei, Größe L
50 g neutrales Öl

Füllung:
120 g Zartbitterschokolade
120 g schnittfestes Nussnougat
100 g kalte Butter

zusätzlich benötigt Ihr:
50 g Zartbitterschokolade, geschmolzen
50 g Haselnusskerne, gehackt
Butter zum Fetten der Form
Kastenform, 30 cm lang

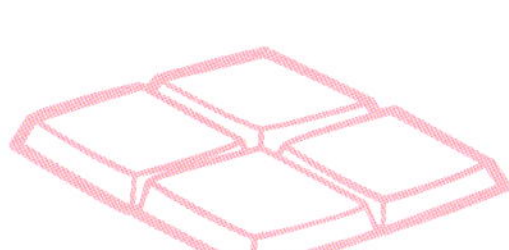

TEIG:

1 | Wasser, Zucker und Hefe in den Mixtopf geben, **3 Minuten / 37°C / Stufe 2** erwärmen.

2 | Milch und 200 g Mehl hinzufügen, nochmal **2 Minuten / 37°C / Stufe 2** mischen.

3 | 5 Minuten ruhen lassen.

4 | Nun das restliche Mehl, Salz, Ei und Öl zugeben, **5 Minuten / Teigstufe** kneten.

5 | Den Teig in eine Schüssel umfüllen und abgedeckt 2 Stunden gehen lassen.

6 | Eine Kastenform mit Butter auspinseln und kalt stellen.

FÜLLUNG:

7 | Schokolade grob hacken. Nougat und Butter klein würfeln und ebenso kalt stellen.

8 | Den Teig auf einer bemehlten Arbeitsfläche ca. 45 x 35 cm groß ausrollen.

9 | Nougat-, Butterwürfel und Schokolade darauf verteilen.

10 | Teig quer in 6 gleich breite Streifen schneiden. Die Teigstreifen vorsichtig übereinanderlegen und in 4 gleich breite Stücke schneiden.

11 | Stücke hochkant hintereinander in die Kastenform setzen. Dabei das letzte Stück mit der unbestreuten Teigseite zur Formwand einlegen, sodass die Füllung nicht an der Form klebt.

12 | Form nochmal abgedeckt 30 Minuten gehen lassen.

13 | Den Backofen auf 175°C Ober-/Unterhitze vorheizen.

14 | Zupfbrot ca. 45 Minuten goldbraun backen. Sollte es zu stark bräunen, mit Folie abdecken. Stäbchenprobe durchführen.

15 | Etwas abkühlen lassen.

16 | Schokolade in den Mixtopf geben, **5 Sekunden / Stufe 6** zerkleinern, dann **3 Minuten / 50°C / Stufe 1** schmelzen.

17 | Zupfbrot mit der geschmolzenen Schokolade übergießen und mit gehackten Haselnüssen bestreuen.

SCHOKOLADENMUFFINS – EIN SCHOKOTRAUM WIRD WAHR

Schokoladenmuffins gehen immer. Ob zum Frühstück, als Nachtisch oder zur Kaffeezeit – ob mit oder ohne Schokokern. Doch Vorsicht, erhöhte Suchtgefahr: Diese Muffins sind so lecker, saftig und schokoladig, dass fast jeder einen zweiten davon nascht. Aber keine Sorge, das verraten wir natürlich nicht weiter ;-)

12 STÜCK
35 MINUTEN

ZUTATEN:

100 g sehr weiche Butter
100 g weißer Zucker
100 g brauner Zucker
2 Eier, Größe M
250 g Milch
300 g Weizenmehl, Type 405
90 g Backkakao
1 TL Vanilleextrakt
1 geh. TL Backpulver
1 TL Backnatron
1 Prise Salz
200 g gehackte Zartbitterschokolade oder Schokodrops

zusätzlich benötigt Ihr:
Muffinform

1 | Den Backofen auf 200°C Ober-/Unterhitze vorheizen.

2 | Eine Muffinform fetten oder mit Papiermanschetten auskleiden.

3 | Butter, Zucker und Eier in den Mixtopf geben, **1 Minute / Stufe 4** schaumig rühren.

4 | Milch, Mehl, Backkakao, Vanilleextrakt, Backpulver, Natron und Salz zugeben, **20 Sekunden / Stufe 5** verrühren.

5 | 2/3 der gehackten Schokolade mit dem Spatel unterheben und den Teig auf die Mulden verteilen.

6 | Mit der restlichen Schokolade bestreuen und im heißen Ofen 20–25 Minuten backen. Auf einem Kuchengitter auskühlen lassen.

FALSCHER FANTAKUCHEN NACH EINEM FAMILIENREZEPT

Manchmal genügt ein Bissen und dieser eine bestimmte Geschmack ruft geliebte Kindheitserinnerungen in uns wach. Bei uns geschieht das bei einem Happen dieses herrlich süßen und saftigen „Falschen Fantakuchen“. Der Kuchen durfte auf keinem Kindergeburtstag fehlen und auch heute essen wir ihn alle noch sehr gerne.

12 STÜCK
30 MINUTEN + KÜHLZEIT

ZUTATEN:

Teig:
4 Eier, Größe M
200 g Zucker
1 EL Vanilleextrakt
120 g neutrales Öl
150 g Zitronenlimonade
300 g Mehl
1 Pk. Backpulver
1 Prise Salz

Creme:
1 Dose Pfirsiche, Abtropfgewicht 240 g
500 g Sahne
1 EL Vanillezucker
70 g Puderzucker
2 Pk. Sahnesteif
300 g Magerquark

zusätzlich benötigt Ihr:
Zimt zum Bestäuben
rechteckige Springform, ca. 30 x 40 cm

TEIG:

1 | Den Backofen auf 175°C Ober-/Unterhitze vorheizen.

2 | Die Form fetten oder mit Backpapier auslegen. Wir haben hier eine rechteckige Springform gewählt. So hat der Kuchen eine schöne Form.

3 | Eier, Zucker und Vanilleextrakt in den Mixtopf geben, **1 Minute / Stufe 4** schaumig aufschlagen.

4 | Öl und Limonade hinzufügen, **20 Sekunden / Stufe 3** verrühren.

5 | Mehl, Backpulver und Salz zugeben, **20 Sekunden / Stufe 5** vermengen.

6 | Masse in die gefettete Springform geben, ca. 20 Minuten backen. Stäbchenprobe durchführen.

CREME:

7 | Sobald der Kuchen abgekühlt ist, die Creme zubereiten. Pfirsiche abtropfen lassen und in kleine Stücke schneiden.

8 | Rühraufsatz in den Mixtopf einsetzen.

9 | Sahne mit Vanillezucker, Puderzucker und Sahnesteif in den Mixtopf geben und **unter Sichtkontakt bei Stufe 3.5** steif schlagen.

10 | Quark esslöffelweise zugeben und **20 Sekunden / ↺ Linkslauf / Stufe 2** unterheben.

11 | Die Pfirsichstücke vorsichtig mit Hilfe des Spatels unterheben.

12 | Masse auf den abgekühlten Boden geben und im Kühlschrank 1 Stunde kalt stellen.

13 | Vor dem Servieren leicht mit Zimt bestreuen.

14 | In Stücke schneiden und servieren.

› Dieser Kuchen schmeckt auch super, wenn man die Limonade durch Ginger Ale ersetzt. Im Prinzip könnt Ihr alles nehmen, was sprudelt.

CROQUE EN BOUCHE – WINDBEUTELTURM MIT SCHOKOLADENSAUCE

Ein süßes Türmchen aus Windbeuteln – fast zu schön zum Essen. Croque en bouche, was „kracht im Mund" bedeutet, ist eine französische Spezialität, die in Frankreich hauptsächlich zu Hochzeiten gezaubert wird. Doch auch auf allen anderen Festlichkeiten ist dieser Windbeutelturm ein Blickfang. Jeder schnappt sich ein, zwei, drei Stückchen und feiert glücklich mit den Liebsten weiter.

CA. 30 MINI-WINDBEUTEL
70 MINUTEN + WARTEZEIT

ZUTATEN:

Teig:
230 g Wasser
120 g Butter
1 Prise Salz
1 TL Zucker
150 g Weizenmehl, Type 550
4 Eier, Größe M

Füllung:
250 g Mascarpone
Mark von 1/2 Vanilleschote
30 g Puderzucker
200 g Sahne

Schokoladensauce:
100 g Sahne
1 EL Espressopulver, Instant
250 g Zartbitterschokolade, in Stücken

zusätzlich benötigt Ihr:
Schaschlikspieße

› Ihr könnt die Windbeutel auch einmal waagerecht durchschneiden und mit der Creme füllen.

TEIG:

1 | Wasser, Butter, Salz und Zucker in den Mixtopf geben, **6 Minuten / 100°C / Stufe 1** kochen.

2 | Mehl zugeben, **20 Sekunden / Stufe 4** vermischen.

3 | Mixtopf aus dem Gerät nehmen und Teig 10 Minuten abkühlen lassen.

4 | In dieser Zeit den Backofen auf 180°C Umluft vorheizen und ein Backblech mit Backpapier belegen.

5 | Mixtopf wieder zurück in das Gerät stellen und ohne Messbecher **3 Minuten / Stufe 5** rühren, dabei nacheinander die Eier durch die Deckelöffnung zugeben. Anschließend weitere **45 Sekunden / Stufe 5** rühren.

6 | Teig in einen Spritzbeutel mit großer Lochtülle geben und ca. 30 walnussgroße Kugeln aufspritzen. Die Spitzen mit nassen Fingern flachdrücken und 25–30 Minuten goldbraun backen.

7 | Den Backofen ausschalten und Windbeutel im Ofen 30 Minuten abkühlen lassen.

8 | Herausnehmen und vollständig auskühlen lassen.

FÜLLUNG:

9 | In der Zwischenzeit die Füllung zubereiten: Mascarpone, Vanillemark und Puderzucker in den Mixtopf geben, **30 Sekunden / Stufe 3** schaumig rühren und umfüllen.

10 | Rühraufsatz in den Mixtopf einsetzen.

11 | Sahne in den Mixtopf geben und **unter Sichtkontakt bei Stufe 3.5** steif schlagen.

12 | Rühraufsatz entfernen.

13 | Sahne zur Mascarponecreme geben und mit dem Spatel unterheben.

14 | Füllung in einen Spritzbeutel mit kleiner spitzer Tülle geben und die Windbeutel von der Seite her damit füllen.

15 | Einen Teil der gefüllten Windbeutel auf eine Kuchenplatte oder Teller geben und damit einen Kreis formen. Weitere Windbeutel darauf geben, bis eine Pyramide entsteht. Zur Stabilisierung können Schaschlikspieße verwendet werden.

SCHOKOLADENSAUCE:

16 | Sahne und Espressopulver in den Mixtopf geben, **5 Minuten / 90°C / Stufe 1** erwärmen.

17 | Schokolade in Stücken dazugeben, kurz auf **Stufe 3** durchrühren, 5 Minuten ruhen lassen, dann **20 Sekunden / Stufe 3** verrühren.

18 | Schokosauce in eine Flasche füllen, warm oder kalt servieren.

SAFTIGE APFELMUFFINS

Liebe Freunde kommen unerwartet zu Besuch und mit ihnen der Hunger – kein Problem. Denn diese leckeren Apfelmuffins sind schnell zubereitet und im Handumdrehen auf dem Tisch. Von ihnen lassen wir uns immer wieder gern die Stunden mit den Liebsten versüßen.

12 STÜCK
35 MINUTEN + WARTEZEIT

ZUTATEN:

3 Äpfel, z.B. Elstar
2 EL Zucker
Abrieb von 1 Bio-Zitrone und 4 EL Saft davon
125 g weiche Butter
125 g Zucker
2 Eier, Größe M
1 Prise Salz
150 g Weizenmehl, Type 405
1 TL Backpulver
50 g Sahne

zusätzlich benötigt Ihr:
Puderzucker zum Bestäuben
Muffinblech + Papierförmchen

1 | Backofen auf 180°C Ober-/Unterhitze vorheizen. Ein Muffinblech mit Papierförmchen auslegen.

2 | Die Äpfel schälen, entkernen und in Spalten schneiden.

3 | Zucker mit 2 EL Zitronensaft verrühren, die Apfelschnitze darin wenden und ca. 15 Minuten ziehen lassen.

4 | Butter und Zucker in den Mixtopf geben, **3 Minuten / Stufe 3** cremig rühren.

5 | Die Eier nach und nach durch die Deckelöffnung dazugeben.

6 | Salz, Zitronenschale, restlichen Zitronensaft, Mehl, Backpulver und Sahne **15 Sekunden / Stufe 4.5** unterrühren.

7 | Teigmasse in die Muffinförmchen einfüllen, die Apfelschnitze darauflegen und leicht eindrücken.

8 | Im heißen Ofen ca. 25 Minuten auf der mittleren Schiene backen.

9 | Herausnehmen und auf einem Kuchengitter auskühlen lassen.

10 | Vor dem Servieren mit Puderzucker bestäuben.

Die Reste vom Biskuitteig lassen sich prima für Desserts verwenden.

SCHOKOBANANEN-HAPPEN

„Das ist ein Rezept von meiner Oma. Ich kann mich leider nicht mehr daran erinnern, wann sie es zum letzten Mal gebacken hat, aber an den Geschmack erinnere ich mich immer noch ganz genau! Dies ist das erste Mal, dass wir sie selber gemacht haben. Zugegeben, etwas aufwendiger sind sie schon, aber für besondere Momente den Aufwand absolut wert." (Joëlle)

CA. 16 HAPPEN ODER 4 GROSSE SCHOKOBANANEN
60 MINUTEN + WARTEZEIT

ZUTATEN:

Creme:

380 g Milch
1 Pk. Vanillepudding-pulver zum Kochen
20 g Zucker
200 g weiche Butter

Teig:

3 Eier, Größe M
125 g Zucker
1 TL Vanilleextrakt
3 EL Wasser
125 g Weizenmehl, Type 405
1 gestr. TL Backpulver

Guss:

300 g Zartbitterkuvertüre
20 g Sonnenblumenöl + 1 TL
100 g weiße Kuvertüre

zusätzlich benötigt Ihr:

2 Bananen
Zucker zum Bestreuen des Geschirrhandtuchs

CREME:

1 | Milch, Puddingpulver und Zucker in den Mixtopf geben, **5 Sekunden / Stufe 4** verrühren, dann **6 Minuten / 100°C / Stufe 2.5** kochen. Umfüllen, mit Klarsichtfolie abdecken und Zimmertemperatur annehmen lassen.

2 | Wenn die Creme erkaltet ist, den Rühraufsatz in den Mixtopf einsetzen.

3 | Butter in den Mixtopf geben, **1 Minute / Stufe 4** cremig rühren.

4 | Thermomix® auf **1.30 Minuten / Stufe 2.5** einstellen und nach und nach den kalten Pudding durch die Deckelöffnung zugeben.

5 | Anschließend den Rühraufsatz entfernen und **15 Sekunden / Stufe 6** glattrühren.

6 | Die Creme für 1 Stunde im Kühlschrank kühlen.

7 | Mixtopf reinigen.

TEIG:

8 | Den Backofen auf 180°C Ober-/Unterhitze vorheizen.

9 | Ein Backblech mit Backpapier auslegen.

10 | Rühraufsatz einsetzen.

11 | Eier, Zucker, Vanilleextrakt und Wasser in den Mixtopf geben, **6 Minuten / 37°C / Stufe 4** schaumig schlagen. Anschließend weitere **6 Minuten / Stufe 4** schaumig schlagen.

12 | Mehl und Backpulver zugeben, **4 Sekunden / Stufe 3** unterheben.

13 | Rühraufsatz entfernen.

14 | Mit dem Spatel das Mehl noch etwas mehr unterheben.

15 | Den Teig auf das Backblech geben und im Ofen 15–20 Minuten backen.

16 | Ein Geschirrhandtuch leicht mit Zucker bestreuen und die Biskuitplatte darauf stürzen und auskühlen lassen.

Biskuitteig und Buttercreme können bereits am Vortag zubereitet werden.

FERTIGSTELLEN:

17 | Aus dem Teig 8 Bananenformen ausschneiden. Dazu eine Bananenausstechform oder eine Schablone aus Pappe nutzen.

18 | Die Hälfte der ausgeschnittenen Biskuitböden mit Creme bestreichen. Dann wieder einen Biskuitboden daraufsetzen und wieder etwas Creme daraufstreichen.

19 | Bananen halbieren und jeweils eine halbe Banane darauflegen.

GUSS:

20 | Zartbitterkuvertüre in Stücken in den Mixtopf geben, **10 Sekunden / Stufe 8** zerkleinern und mit dem Spatel nach unten schieben.

21 | 20 g Öl zugeben, **3 Minuten / 50°C / Stufe 2** schmelzen.

22 | Bananen komplett mit Schokoladenguss überziehen.

23 | Für 30 Minuten im Kühlschrank kalt stellen.

24 | Weiße Kuvertüre wie die Zartbitterkuvertüre schmelzen und in Streifen über den festen Schokoladenguss geben und fest werden lassen.

25 | Jede Schokobanane in 4 Stücke schneiden und servieren.

› Ihr könnt die Schokobananen auch einlagig machen: also nur 1 Biskuitboden, Creme und Banane. Dann bekommt Ihr mehr Schokobananen aus dem Teig.

CHOCOLATE CHIP COOKIE CAKE

Das ist der Geburtstags-Cookie-Cake unserer Familie. Und übrigens nicht nur bei den Kids beliebt :-) Denn endlich muss man sich nicht mehr entscheiden, ob man lieber Kekse oder eine Torte haben möchte. Mit dieser süßen Sünde bekommen Schokoholics endlich alles, was sie sich je erträumt haben!

CA. 12 STÜCKE
60 MINUTEN + WARTEZEIT

ZUTATEN:

165 g weiche Butter + etwas zum Einfetten
160 g brauner Zucker
50 g weißer Zucker
1 TL Vanilleextrakt
1 gute Prise Salz
1 Ei + 1 Eigelb, Größe M
250 g Weizenmehl, Type 405
1 TL Backpulver
150 g Zartbitterschokolade, grob gehackt

Deko:
75 g Sahne
150 g Zartbitterschokolade
Zuckerstreusel

zusätzlich benötigt Ihr:
Springform, Ø 24 cm

1 | Den Backofen auf 180°C Ober-/Unterhitze vorheizen.

2 | Springform fetten oder mit Backpapier auslegen.

3 | Butter, Zucker, Vanilleextrakt und Salz in den Mixtopf geben, **3 Minuten / Stufe 4** schaumig rühren.

4 | Ei und Eigelb zufügen, nochmal **1 Minute / Stufe 4** mixen.

5 | Mehl und Backpulver **20 Sekunden / Stufe 4** unterrühren.

6 | Gehackte Schokolade mit dem Spatel unterheben.

7 | Den Keksteig in die vorbereitete Form geben und andrücken.

8 | Im heißen Backofen 25–30 Minuten goldbraun backen. Stäbchenprobe durchführen! Es darf ruhig noch etwas am Holzstäbchen kleben bleiben, da der Kuchen beim Auskühlen noch etwas fester wird.

9 | In der Form auskühlen lassen, dann vorsichtig herausnehmen.

DEKO:

10 | Sahne in den Mixtopf geben, **4 Minuten / 90°C / Stufe 1** erwärmen.

11 | Schokolade in Stücken dazugeben, kurz auf **Stufe 3** durchrühren, 5 Minuten ruhen lassen, dann **20 Sekunden / Stufe 3** verrühren, umfüllen und abkühlen lassen, bis sie fast fest wird.

12 | Anschließend nochmal in den Mixtopf geben und mit dem Rühraufsatz **ca. 2 Minuten** aufschlagen.

13 | Masse in einen Spritzbeutel geben, Tupfen rundherum aufspritzen und mit Zuckerstreuseln dekorieren.

OREO®-WAFFELN MIT BLAUBEERJOGHURT

Geschmäcker sind verschieden, doch bei einem Geschmack sind wir vier uns einig. Oreos® sind der Hit – sie gehören quasi zur Familie. Deshalb haben wir schon unzählige Rezeptideen mit ihnen kreiert. Diese Kombination aus süßen Waffeln und leicht süß-säuerlichen Beerenaromen ist einfach fantastisch.

6 DICKE WAFFELN
30 MINUTEN + WARTEZEIT

ZUTATEN:

15 Oreo®-Kekse
100 g Butter
4 Eier, Größe M
1 gute Prise Salz
180 g Zucker
1 TL Vanillezucker
300 g Milch
350 g Weizenmehl, Type 405
25 g Backkakao
1 Pk. Backpulver

Blaubeerjoghurt:

150 g Vollmilchjoghurt
50 g Doppelrahmfrischkäse
1 TL Ahornsirup
1 TL Blaubeerpulver

zusätzlich benötigt Ihr:

Blaubeeren zum Garnieren

1 | 12 Oreos® in den Mixtopf geben, **3 Sekunden / Stufe 4.5** zerkleinern und umfüllen.

2 | Butter in den Mixtopf geben, **5 Minuten / 100°C / Stufe 1** erwärmen und umfüllen.

3 | Rühraufsatz in den Mixtopf einsetzen.

4 | Eier, Salz und Zucker in den Mixtopf geben, **4 Minuten / Stufe 3** aufschlagen.

5 | Flüssige Butter zugeben, **1 Minute / Stufe 3** unterrühren. Rühraufsatz entfernen.

6 | Milch, Mehl, Backkakao und Backpulver zufügen, **1 Minute / Stufe 4** zu einem glatten Teig verrühren.

7 | Zerkleinerte Oreos® mit dem Spatel unterheben.

8 | Den Teig für 30 Minuten ruhen lassen.

9 | Das Waffeleisen aufheizen, etwas Teig hineingeben und die Waffeln goldbraun ausbacken.

BLAUBEERJOGHURT:

10 | In der Zwischenzeit den Joghurt mit Frischkäse, Ahornsirup und Blaubeerpulver in den Mixtopf geben, **30 Sekunden / Stufe 4** verrühren.

11 | Waffeln mit Blaubeerjoghurt, Blaubeeren und restlichen Oreos® garniert servieren.

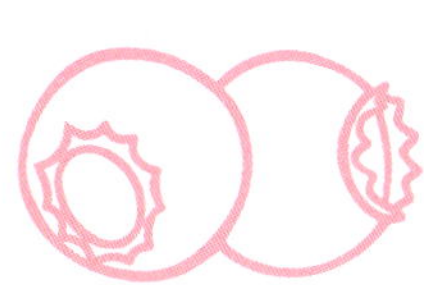

› Ihr habt kein Blaubeerpulver? Dann püriert ein paar Blaubeeren und rührt diese unter den Joghurt.

MILCHREIS-AUFLAUF MIT SCHNEEHAUBE – DIE SÜSSE VERFÜHRUNG

Milchreis ist das Wohlfühlessen schlechthin. Zum Dessert, als Mittagsgericht oder feine Mahlzeit zwischendurch – er hinterlässt zuverlässig dieses heimelige Gefühl in einem. Unser Milchreis-Auflauf inklusive Schneegestöber bringt Abwechslung in Euer Lieblingsessen und macht große und kleine Leckermäuler glücklich.

4 PORTIONEN
70 MINUTEN

ZUTATEN:

500 g Erdbeeren
2 EL Orangensaft
1 TL Vanillezucker
600 g Milch
100 g Sahne
125 g Milchreis
Mark von 1 Vanilleschote
100 g Zucker
2 Prisen Salz
2 Eier, Größe M

zusätzlich benötigt Ihr:
frische Minze zum Garnieren
Puderzucker zum Bestäuben
Auflaufform

› Ihr könnt hier jedes Obst verwenden, welches Ihr gerne mögt.

1 | Den Backofen auf 200°C Ober-/Unterhitze vorheizen. Eine Auflaufform fetten.

2 | Erdbeeren waschen, putzen und in Würfel schneiden. 1/3 der Erdbeeren mit Orangensaft und Vanillezucker mischen und kalt stellen.

3 | Milch, Sahne, Milchreis, Vanillemark, 40 g Zucker und 1 Prise Salz in den Mixtopf geben, **35 Minuten / 90°C / Linkslauf / Stufe 1** ohne Messbecher garen. Umfüllen und etwas abkühlen lassen.

4 | Eier trennen.

5 | Rühraufsatz in den sauberen Mixtopf einsetzen.

6 | Eiweiß mit 1 Prise Salz in den Mixtopf geben, **3 Minuten / Stufe 3.5** steif schlagen und umfüllen.

7 | Eigelb, restliche Erdbeeren und Hälfte des Eischnees unter den Milchreis rühren und in die Auflaufform füllen. Im heißen Ofen 20–25 Minuten backen.

8 | Herausnehmen, restlichen Eischnee darauf verteilen, den Backofengrill ein paar Minuten bis zur gewünschten Bräune zuschalten oder mit einem Gasbrenner flambieren.

9 | Auflauf mit den marinierten Erdbeeren und Minze garnieren und mit Puderzucker bestäuben.

MILCH-SCHNITTEN® SELBSTGEMACHT

Dieser Snack-Klassiker weckt Kindheitserinnerungen in einem. Viele Kinder und auch Erwachsene lieben die Süßigkeit aus dem Kühlregal. Doch wusstet Ihr, dass Ihr Milch-Schnitten® ganz einfach selber machen könnt? Und das Beste daran: Bei der Selbstgemachten habt Ihr es selber in der Hand, wie süß es werden soll.

CA. 16 STÜCK, JE NACH GRÖSSE
30 MINUTEN + MIND. 3 STUNDEN KÜHLZEIT

ZUTATEN:

Teig:

5 Eier, Größe M
70 g Zucker
1 TL Vanillezucker
90 g Mehl
3/4 TL Backpulver
25 g Backkakao

Füllung:

150 g Sahne
100 g Mascarpone
100 g Doppelrahmfrischkäse oder Schmand
30 g flüssiger Honig
1/2 TL Orangenaroma
4 TL San-apart® oder Gelatinefix

TEIG:

1 | Den Backofen auf 180°C Umluft vorheizen. Ein Backblech mit Backpapier auslegen.

2 | Rühraufsatz in den Mixtopf einsetzen.

3 | Eier, Zucker und Vanillezucker in den Mixtopf geben, **8 Minuten / Stufe 3.5** aufschlagen.

4 | Mehl, Backpulver und Kakao zugeben, **10 Sekunden / Stufe 3.5** unterrühren.

5 | Teig auf das Backblech geben, gleichmäßig verteilen und 12–15 Minuten backen.

6 | Dann auskühlen lassen und in 2 gleich große Hälften schneiden.

FÜLLUNG:

7 | Den Rühraufsatz in den sauberen Mixtopf einsetzen.

8 | Sahne zugeben, **unter Sichtkontakt bei Stufe 3.5** steif schlagen.

9 | Mascarpone, Frischkäse, Honig, Orangenaroma und Gelatinefix zugeben, **10 Sekunden / Stufe 3** verrühren.

10 | Creme auf eine Teigplatte streichen, mit der zweiten Teigplatte belegen und in beliebig große Schnitten schneiden.

11 | Mindestens 3 Stunden im Kühlschrank ziehen lassen.

Reward yourself

SCHWEDENBECHER

Es muss nicht immer ein ausgefallenes Dessert sein. Manchmal sind die Klassiker einfach die bessere Wahl. Was meint Ihr? Wir finden, dieser Schwedenbecher ist der perfekte Abschluss nach einem deftigen Essen oder eine herrliche Abkühlung an warmen Tagen: süß, fruchtig und mit einem kleinen Schwips.

4 PORTIONEN
30 MINUTEN

ZUTATEN:

Apfelmus:

500 g Äpfel, geschält und entkernt
Saft von 1/2 Zitrone
20 g Wasser
25 g Zucker
1 TL Vanilleextrakt
1 Prise Zimt

zusätzlich benötigt Ihr:

200 g Sahne
8–12 Kugeln Vanilleeis
100 ml Eierlikör, selbstgemacht oder gekauft
20 g weiße Schokolade, geraspelt
1 kleine Handvoll Mini-Baisers

APFELMUS:

1 | Äpfel in Stücken in den Mixtopf geben, **4 Sekunden / Stufe 6** zerkleinern.

2 | Restliche Zutaten zugeben, **15 Minuten / 100°C / Stufe 1** kochen, anschließend **20 Sekunden / Stufe 5** pürieren, umfüllen und vollständig auskühlen lassen.

FERTIGSTELLUNG DES BECHERS:

3 | Rühraufsatz in den Mixtopf einsetzen.

4 | Sahne einfüllen und **unter Sichtkontakt bei Stufe 3.5** steif schlagen und umfüllen.

5 | Apfelmus auf vier Gläser aufteilen und jeweils 2–3 Vanilleeis-Kugeln daraufgeben.

6 | Sahne auf die Eiskugeln geben und mit Eierlikör übergießen.

7 | Mit weißer Schokolade und ein paar Mini-Baisers garnieren und servieren.

› Mehrere Varianten für selbstgemachten Eierlikör sowie eine Anleitung für selbstgemachte Baisertupfen findet Ihr auf unserem Blog **foodwithlove.de.**

VANILLEPUDDING MIT BEERENMIX UND SCHOKOLADENSAUCE

In manchen Situationen hilft nur noch Pudding! Denn Pudding weiß, was Du brauchst und ist immer für Dich da. Und wenn es besonders schlimm ist, gibt es noch eine Extraportion Beeren und Schokoladensauce oben drauf. Und mit Pudding im Bauch sieht die Welt schon wieder ganz anders aus.

4 PORTIONEN
25 MINUTEN + KÜHLZEIT

ZUTATEN:

Pudding:
1 Ei, Größe M, getrennt
250 g Sahne
500 g Milch
1 Vanilleschote
40 g Zucker
1 Prise Salz
50 g Speisestärke

Schokoladensauce:
200 g Vollmilchkuvertüre
50 g Sahne
1/2 TL Ingwerpulver
30 g Rum

zusätzlich benötigt Ihr:
125 g frische Beeren nach Wahl
frische Minze zum Garnieren

PUDDING:

1 | Rühraufsatz in den Mixtopf einsetzen.

2 | Eiweiß in den fettfreien Mixtopf zugeben, bei **Stufe 3.5** steif schlagen und umfüllen.

3 | Mixtopf spülen.

4 | Sahne in den Mixtopf geben und ebenso bei **Stufe 3.5 unter Sichtkontakt** steif schlagen und zum Eiweiß geben, kalt stellen.

5 | Rühraufsatz entfernen.

6 | Milch, ausgekratztes Vanillemark und die ausgekratzte Vanilleschote, Zucker, Salz, Speisestärke und Eigelb in den sauberen Mixtopf geben, **7 Minuten / 90°C / Stufe 3** aufkochen.

7 | Vanilleschote entfernen.

8 | Steif geschlagene Sahne und Eiweiß zugeben, **15 Sekunden / ⟲ Linkslauf / Stufe 3** unterrühren.

9 | Vanillepudding in Gläser umfüllen und kalt stellen.

SCHOKOLADENSAUCE:

10 | Die Kuvertüre in Stücken in den Mixtopf geben, **10 Sekunden / Stufe 8** zerkleinern, anschließend **5 Minuten / 50°C / Stufe 1** schmelzen.

11 | Ingwer und Rum zugeben, **10 Sekunden / Stufe 2** unterrühren.

12 | Vanillepudding mit frischen Beeren und Minze anrichten und Schokoladensauce dazu reichen.

ESSEN KINDER MIT, EINFACH INGWER UND RUM WEGLASSEN.

PFIRSICH-TRIFLE

Schicht für Schicht ein Genuss. Das hübsche Dessert im Glas stammt aus Großbritannien und besteht ursprünglich aus Biskuit, Obst, Creme und Sahne. Unser Trifle hat als Star im Glas eine fruchtige Mascarpone-Creme. Dazu gesellen sich Eierplätzchen, Nüsse und ein Knuspermüsli – Baiser darf natürlich auch nicht fehlen. Die Queen wäre sicher „amused"!

4 PORTIONEN
15 MINUTEN

ZUTATEN:

200 g Sahne
250 g Pfirsiche aus der Dose
200 g Mascarpone
100 g Naturjoghurt
1 TL Vanilleextrakt
35 g Rohrohrzucker
10 Minzeblätter
200 g Eierplätzchen, grob zerbröselt
100 g Nüsse, grob gehackt
(z.B. Haselnüsse, Walnüsse,
Macadamianüsse)
100 g Knuspermüsli
30 g Baiser, grob zerbröselt
Abrieb von 1 Bio-Zitrone

zusätzlich benötigt Ihr:
Minze zum Garnieren

1 | Rühraufsatz in den Mixtopf einsetzen.

2 | Sahne zugeben und **unter Sichtkontakt bei Stufe 3.5** steif schlagen und umfüllen.

3 | Rühraufsatz entfernen.

4 | Pfirsiche abtropfen lassen. Eine Hälfte grob würfeln. Die andere Hälfte der Pfirsiche mit Mascarpone, Joghurt, Vanilleextrakt, Zucker und Minze in den Mixtopf geben, **20 Sekunden / Stufe 5** verrühren.

5 | Sahne zugeben, **15 Sekunden / ⟲ Linkslauf / Stufe 3.5** unterrühren. Umfüllen und kalt stellen.

6 | Eierplätzchen und Nüsse mit Pfirsichcreme, gewürfelten Pfirsichen und Müsli abwechselnd in Gläser schichten.

7 | Mit Baiser und Zitronenabrieb bestreuen und mit Minzeblättern garnieren.

Bei der Wahl des Müslis könnt Ihr nehmen, welches Euch schmeckt.

VERY BERRY – ERDBEERSAUCE MIT ORANGENLIKÖR

Diese Sauce entstand, weil wir finden, dass mit Pudding alles besser schmeckt, weil Erdbeeren und Vanille ein Traumpaar sind und einfach weil wir es können, streichen wir eine ordentliche Portion Erdbeersauce auf unseren Vanillepudding! Herrlich!

CA. 600 ML
20 MINUTEN

ZUTATEN:
600 g Erdbeeren
125 g Gelierzucker 2:1
Saft von 1/2 Bio-Zitrone
Mark von 1/2 Vanilleschote
60 g Orangenlikör

1 | Erdbeeren, Gelierzucker, Zitronensaft und Vanillemark in den Mixtopf geben, **20 Sekunden / Stufe 8** zerkleinern, anschließend **13 Minuten / 100°C / Stufe 1** kochen.

2 | Orangenlikör **20 Sekunden / Stufe 4** unterrühren.

3 | Sauce noch heiß in eine Flasche abfüllen, verschließen und auskühlen lassen.

› Aufgrund der geringen Zuckermenge im Kühlschrank aufbewahren.

ERDNUSSBUTTER-CREME-DESSERT

„Ich liebe Erdnussbutter von klein auf. Meine Mutter hat immer die Fingerabdrücke im Glas entdeckt, wenn ich sie zwischendurch pur naschte", erinnert sich Joëlle. Heute verwendet sie zwar Löffel, aber die Liebe zur Erdnussbutter ist geblieben. „Lediglich bei diesem cremig-nussigen Dessert schlecke ich das Glas immer noch gern mit den Fingern aus."

4 KLEINE PORTIONEN
10 MINUTEN

ZUTATEN:

200 g Sahne
200 g Erdnussbutter
100 g Schmand oder Crème Double
70 g Baileys®
1 TL Vanilleextrakt
100 g Vollmilchjoghurt
50 g Schokoladenraspel

1 | Rühraufsatz in den Mixtopf einsetzen.

2 | Sahne zugeben und **unter Sichtkontakt bei Stufe 3.5** steif schlagen und umfüllen.

3 | Mixtopf säubern. Rühraufsatz wieder einsetzen.

4 | Erdnussbutter, Schmand, Baileys®, Vanilleextrakt und Joghurt in den Mixtopf geben, **35 Sekunden / Stufe 3** cremig rühren.

5 | Creme auf Gläser verteilen, mit Sahne und Schokoraspel toppen.

› Für eine alkoholfreie Variante schmeckt auch Vanillesauce anstatt Baileys® dazu.
› Wem die Creme durch die Erdnussbutter „zu salzig" ist, gibt etwas Zucker hinzu.

ERDBEER-MASCARPONE-SCHICHTDESSERT

In der Sonne sitzen und sich die süßen Früchte des Sommers auf der Zunge zergehen lassen. Wunderbar! Doch damit der Sommer-Sonnen-Snack perfekt ist, darf natürlich die Schokolade nicht fehlen. Also zack: Schokocookies zerkleinern und mit einer feinen Früchte-Creme in ein Glas schichten.

CA. 10 PORTIONEN
10 MINUTEN

ZUTATEN:

1000 g Erdbeeren
400 g Schokoladenkekse mit Schokostückchen
400 g Sahne
500 g Mascarpone
500 g Magerquark
140 g Zucker
1 TL Vanillezucker
Mark von 1 Vanilleschote
optional Erdbeersauce von Seite 194 dazureichen

1 | Die Erdbeeren waschen und vierteln. Ein paar halbierte für die Deko zurückbehalten.

2 | Die Kekse in den Mixtopf geben, **5 Sekunden / Stufe 4** zerkleinern und umfüllen.

3 | Mixtopf säubern.

4 | Rühraufsatz in den Mixtopf einsetzen.

5 | Sahne einfüllen und **unter Sichtkontakt bei Stufe 3.5** steif schlagen und umfüllen.

6 | Der Rühraufsatz bleibt eingesetzt.

7 | Mascarpone, Quark, Zucker, Vanillezucker und Mark der Vanilleschote zugeben, **1 Minute / Stufe 3.5** verrühren.

8 | Zum Schichten gebt Ihr die Hälfte der Erdbeeren, dann die Hälfte der Creme und die Hälfte der Cookies in eine große Schale oder Schüssel.

9 | Das Ganze einmal wiederholen und mit Cookies abschließen.

10 | Das Dessert mit Erdbeeren garnieren und servieren.

Dieses Schichtdessert könnt Ihr mit jedem beliebigen Obst zubereiten.

BANOFFEE-BERRY-PIE

Wir nennen diese besondere Süßspeise auch den „Therapeuten im Glas". Also vergesst einmal den Stress und vielleicht auch, was Euch Sorgen bereitet. Macht es Euch auf dem Sofa gemütlich, schaltet Eure Lieblingsserie ein und lasst Euch dieses superleckere Dessert schmecken. Bereits nach einem Löffel stellen sich Entspannung und Wohlbefinden ein.

4 PORTIONEN
30 MINUTEN + MIND. 3 STUNDEN WARTEZEIT

ZUTATEN:

Streusel:
60 g Mehl
40 g weiche Butter
20 g brauner Zucker
15 g Backkakao

Creme:
150 g Beerenmischung, auch TK möglich
50 g Butter
150 g dunkle Schokoladenkekse
200 g Sahne
100 g Schmand
100 g Joghurt, 3,5 % Fett
50 g Puderzucker
1 TL Vanilleextrakt
1 große Banane, in kleine Stücke geschnitten

zusätzlich benötigt Ihr:
Schokoladensauce, z.B. vom Windbeutelturm Seite 170 oder aus unserem Blog **foodwithlove.de**
Pie- oder Tarteform, Ø 18 cm

STREUSEL:

1 | Den Backofen auf 180°C Umluft vorheizen. Ein Backblech mit Backpapier auslegen.

2 | Alle Zutaten für die Streusel in den Mixtopf geben, **20 Sekunden / Stufe 5** mischen. Masse auf das Backblech geben und mit den Fingern zu groben Streuseln kneten.

3 | Im heißen Ofen etwa 10 Minuten backen und auskühlen lassen.

CREME:

4 | TK-Beeren auftauen lassen. Frische Beeren verlesen.

5 | Butter in den Mixtopf geben, **3 Minuten / 60°C / Stufe 1** schmelzen.

6 | Schokoladenkekse zugeben, **10 Sekunden / Stufe 6** mischen.

7 | Masse in die Form geben und andrücken, kalt stellen.

8 | Rühraufsatz in den Mixtopf einsetzen.

9 | Sahne einwiegen und **unter Sichtkontakt bei Stufe 3.5** steif schlagen und umfüllen.

10 | Rühraufsatz entfernen.

11 | Schmand, Joghurt, Puderzucker und Vanilleextrakt in den Mixtopf geben, **20 Sekunden / Stufe 3** verrühren.

12 | Sahne zugeben, **10 Sekunden / Stufe 3** unterrühren.

13 | Beeren und Banane unterheben und Creme auf dem Keksboden verteilen, glatt streichen.

14 | Für mindestens 3 Stunden kalt stellen.

15 | Streusel auf der Creme verteilen und mit Schokosauce beträufeln.

TIRAMISU DI ANGELO

Dies ist ein Rezept von Angelos Familie. Hach, was lieben wir dieses Tiramisu! Es ist Pflicht, wenn unsere Familien zusammen sitzen. Die Textur, die Cremigkeit, die Luftigkeit, einfach lecker. Nie würden wir auf die Idee kommen, es jemals wieder anders zuzubereiten. Damit auch Ihr in diesen Genuss kommen könnt, verraten wir Euch gerne das Rezept.

CA. 8 PORTIONEN
15 MINUTEN + MIND. 3 STUNDEN KÜHLZEIT

ZUTATEN:

ca. 200 g Löffelbiskuits
200 g kalter Espresso
2 Eiweiß, Größe M
4 Eigelb, Größe M
100 g Puderzucker
3 EL Amaretto oder Weinbrand
500 g Mascarpone

zusätzlich benötigt Ihr:
2–3 EL Kakaopulver, ungesüßt, zum Bestäuben
Auflaufform, ca. 25 x 18 cm

Grazie, Mamma Luciana!

1 | Löffelbiskuits mit Espresso bestreichen, bis sie vollgesogen sind, aber nicht zerfallen.

2 | Rühraufsatz in den Mixtopf einsetzen.

3 | Eiweiß in den Mixtopf geben und ohne Messbecher **3 Minuten / Stufe 3.5** steif schlagen, umfüllen und kalt stellen.

4 | Rühraufsatz eingesetzt lassen.

5 | Eigelb, Puderzucker und Amaretto in den Mixtopf geben, **4 Minuten / Stufe 4** aufschlagen. Rühraufsatz entfernen.

6 | Anschließend **2 Minuten / Stufe 3** mischen und dabei den Mascarpone esslöffelweise durch die Deckelöffnung auf das laufende Messer zugeben.

7 | Mascarpone-Mischung zum Eischnee geben und vorsichtig mit dem Spatel unterheben.

8 | Mascarponecreme und Löffelbiskuits in drei Lagen in eine Auflaufform schichten. Die erste und letzte Schicht sollte Creme sein.

9 | Tiramisu abdecken und für mindestens 3 Stunden im Kühlschrank ziehen lassen.

10 | Vor dem Servieren dick mit Kakaopulver bestäuben.

Good Things Take Time

IPANEMA – ALKOHOLFREIER MARACUJA-COCKTAIL

Zusammen mit unseren Freunden starten wir gern mit diesem alkoholfreien Cocktail in einen gemeinsamen Abend. Der fruchtige Mix erfrischt besonders gut an heißen Tagen. Und zu fortgeschrittener Stunde ist es nicht ausgeschlossen, dass er noch mit etwas dunklem Rum aufgepimpt wird. Cheers!

1 GLAS
5 MINUTEN

ZUTATEN:

1 Bio-Limette
1 Maracuja
1 Handvoll Eiswürfel
1 TL brauner Zucker
30 g Maracujasaft
100 g Ginger Ale
1 Zweig Minze

1 | Limette heiß abwaschen, abtrocknen und in Viertel schneiden, die Viertel quer halbieren, in ein Glas geben. Die Limettenstücke mit einem Löffel o.ä. anquetschen und dabei den Saft herauspressen.

2 | Die Maracuja halbieren und den Inhalt über dem Glas auskratzen.

3 | Eiswürfel mit Zucker und Maracujasaft in den Mixtopf geben, **7 Sekunden / Stufe 5** crushen, ins Glas geben.

4 | Mit Ginger Ale aufgießen, Minzzweig hineingeben und genießen.

› Ihr möchtet diesen Cocktail mit Alkohol genießen? Einfach einen Schluck braunen Rum zugeben.

VANILLA BERRY SMASH LEMONADE

Vanille, Beeren und ein Prickeln auf der Zunge. Sommerfrische Limonaden sind so wunderbar – vor allem, wenn sie selbstgemacht sind und dann auch noch in einer so farbenfrohen Variante daherkommen. Diese leckere Limonade hat uns übrigens bei unserem Fotoshooting zu diesem Buch zwischendurch herrlich erfrischt.

CA. 300 ML SIRUP
15 MINUTEN + KÜHLZEIT

ZUTATEN:

250 g gemischte Beeren nach Wahl (TK oder frisch)
Mark von 2 Vanilleschoten
100 g Zucker
100 g Wasser
Saft von 1 Zitrone

zusätzlich benötigt Ihr:
Eiswürfel
eiskaltes Mineralwasser
frische Beeren und Minze zur Deko

1 | Beeren, Vanillemark und die ausgekratzten Schoten, Zucker, Wasser und Zitronensaft in den Mixtopf geben, **10 Minuten / Varoma / Stufe 1** kochen, anschließend durch ein feines Sieb gießen und vollständig auskühlen lassen.

2 | Zum Servieren etwas Beeren-Sirup und Eiswürfel in ein Glas geben und mit sprudelndem Mineralwasser auffüllen.

3 | Mit frischen Beeren und Minze garniert servieren.

BLUE HAWAIIAN COCKTAIL

Was dürfen wir Euch servieren: Piña Colada oder Swimming Pool? Wer sich nicht entscheiden kann, wird diesen Cocktail lieben. Denn geschmacklich liegt er irgendwo dazwischen. Die süß-saure Mischung wird hier mit einer herrlichen Kokoscreme abgerundet. Der Blue Hawaiian hat bei uns schon für sehr lustige Momente gesorgt.

2 GROSSE ODER 4 KLEINE GLÄSER
5 MINUTEN

ZUTATEN:

100 g Rum, weiß
100 g Blue Curaçao
250 g Ananassaft
1 EL Kokoscreme (Cream of Coconut)
16 Eiswürfel

zusätzlich benötigt Ihr:
Ananaswürfel zum Garnieren, nach Belieben

1 | Rum, Blue Curaçao, Ananassaft, Kokoscreme und 12 Eiswürfel in den Mixtopf geben, **45 Sekunden / Stufe 8** mixen.

2 | In Gläser füllen und die restlichen Eiswürfel zugeben.

3 | Nach Belieben mit Ananaswürfeln garnieren.

MARACUJA-APEROL® SPRIZZ

Seine Farbe erinnert an einen dramatischen Sonnenuntergang und ruft Bilder aus dem vergangenen Sommerurlaub wach. Bitter, süß und herb – so facettenreich schmeckt nur ein Aperol® Sprizz. Wir haben den klassischen Aperitif in diesem Sommer um eine fruchtige Variante mit Maracuja ergänzt.

2 GLÄSER
5 MINUTEN

ZUTATEN:

Fruchtfleisch von 1/2 Maracuja
1 Erdbeere, halbiert
70 g Aperol®
100 g Maracujasaft, gefroren im Eiswürfelbehälter
1 TL Vanillesirup
Saft von 1/2 Limette
150 g Eiswürfel
40 g Prosecco
1 Schuss Mineralwasser

zusätzlich benötigt Ihr:
Minze zum Garnieren

1 | Maracujafruchtfleisch und jeweils eine halbe Erdbeere in zwei Gläser geben.

2 | Aperol, Maracujasaft, Vanillesirup, Limettensaft und Eiswürfel in den Mixtopf geben, **10 Sekunden / Stufe 10** mixen.

3 | In 2 Gläser füllen, mit Prosecco und Mineralwasser auffüllen und mit Minze garniert servieren.

MARSHMALLOW-SIRUP

Zu diesem Sirup kamen wir durch angetrocknete, nicht mehr ganz softe Marshmallows, die aber trotzdem noch zu schade zum Wegwerfen waren. Wir überlegten kurz, was wir mit ihnen machen können. Und schon entstand die vermutlich süßeste Resteverwertung der Welt, die wunderbar in Kalt- und Heißgetränken schmeckt.

CA. 400 ML
15 MINUTEN

ZUTATEN:

230 g Wasser
210 g Zucker
8 große Marshmallows
1 TL Vanilleextrakt

1 | Wasser und Zucker in den Mixtopf geben, **10 Minuten / 100°C / Stufe 1** kochen.

2 | Marshmallows zugeben, **3 Minuten / 98°C / Stufe 1.5** unterrühren und schmelzen lassen.

3 | Vanilleextrakt **10 Sekunden / Stufe 2** unterrühren.

4 | Sirup in eine Flasche füllen und abkühlen lassen.

Hält sich im Kühlschrank etwa 1 Monat.

› Verfeinert Kaffee, Milchshakes oder Cocktails, ist ein perfektes Pancake-Topping, und, und, und …

MILCH-SCHNITTEN®-SHAKE

Manche Snacks sind so gut, von denen bekommt man einfach nicht genug. Milch-Schnitte® ist so ein Fall. Deshalb haben wir uns jetzt eine Variante von ihnen überlegt, die Ihr jetzt sogar trinken könnt. Für dieses Rezept haben wir natürlich unsere Selbstgemachten von Seite 185 verwendet.

1 GROSSES GLAS
5 MINUTEN

ZUTATEN:

1 Milch-Schnitte®, gekauft oder selbstgemacht, z.B. Seite 185
180 g Vanilleeis
200 g Milch
Mark von 1 Vanilleschote

Topping optional:
steif geschlagene Sahne
Zuckerstreusel

1 | Milch-Schnitte®, Eis, Milch und Vanillemark in den Mixtopf geben, **30 Sekunden / Stufe 8** mixen.

2 | Shake in ein Glas füllen und nach Belieben mit einem Sahnehäubchen und Zuckerstreuseln garnieren.

Rezeptregister

Nährwerte

Amerikanisches Weißbrot

Pro Laib:
kcal 2028
Fett 58 g
Eiweiß 54 g
KH 318 g

Asiatischer Brokkoli mit Steakstreifen

Pro Portion:
kcal 497
Fett 18 g
Eiweiß 38 g
KH 42 g

Bagelbrot

Pro Brot:
kcal 1726
Fett 32 g
Eiweiß 58 g
KH 295 g

Baked Beans

Pro Portion:
kcal 368
Fett 11 g
Eiweiß 16 g
KH 48 g

Bali Hühnchen – Aromenzauber pur mit Naan-Brot

Pro Portion:
kcal 354
Fett 7 g
Eiweiß 60 g
KH 13 g

Banoffee-Berry-Pie

Pro Portion:
kcal 749
Fett 48 g
Eiweiß 9 g
KH 70 g

Bavette mit Tomaten-Thunfisch Sugo

Pro Portion:
kcal 716
Fett 17 g
Eiweiß 30 g
KH 108 g

Big Mac®-Toast

Pro Stück:
kcal 1033
Fett 67 g
Eiweiß 49 g
KH 59 g

Blue Hawaiian Cocktail

Pro großes Glas:
kcal 389
Fett 1 g
Eiweiß 1 g
KH 36 g

Bœuf Stroganoff in Rahmsauce

Pro Portion:
kcal 462
Fett 30 g
Eiweiß 31 g
KH 13 g

Brookies – Brownie and Cookie Bars

Pro Stück:
kcal 401
Fett 21 g
Eiweiß 6 g
KH 48 g

Bunter Currywursttopf

Pro Portion:
kcal 620
Fett 44 g
Eiweiß 24 g
KH 32 g

Bunter Nudelsalat mit Mandelmus-Dressing

Pro Portion:
kcal 670
Fett 29 g
Eiweiß 21 g
KH 82 g

Camembert-Dip

Pro Portion:
kcal 245
Fett 23 g
Eiweiß 8 g
KH 3 g

Cappuccino-Sahnetorte

Pro Stück:
kcal 376
Fett 23 g
Eiweiß 6 g
KH 36 g

Chatschapuri – Gefülltes Schiffchenbrot mit Käse und Ei

Pro Stück:
kcal 606
Fett 28 g
Eiweiß 30 g
KH 56 g

Chocolate Chip Cookie Cake

Pro Stück:
kcal 399
Fett 23 g
Eiweiß 5 g
KH 44 g

Choc-Noc-Zupfbrot

Pro Brot:
kcal 5239
Fett 270 g
Eiweiß 90 g
KH 575 g

Croque en Bouche – Windbeutelturm mit Schokosauce

Pro Windbeutel:
kcal 165
Fett 13 g
Eiweiß 2 g
KH 9 g

Curry-Mango-Creme

Pro Portion:
kcal 170
Fett 13 g
Eiweiß 4 g
KH 10 g

Drei-Käse-Knoten

Pro Knoten:
kcal 526
Fett 25 g
Eiweiß 19 g
KH 57 g

Düsseldorfer Kartoffelsalat

Pro Portion:
kcal 272
Fett 14 g
Eiweiß 7 g
KH 29 g

Erbsen-Basilikum-Dip

Pro Portion:
kcal 339
Fett 24 g
Eiweiß 17 g
KH 12 g

Erdbeer-Mascarpone-Schichtdessert

Pro Portion:
kcal 612
Fett 38 g
Eiweiß 14 g
KH 50 g

Erdnussbutter-Creme-Dessert

Pro Portion:
kcal 692
Fett 55 g
Eiweiß 16 g
KH 23 g

Falscher Fantakuchen nach einem Familienrezept

Pro Stück:
kcal 447
Fett 22 g
Eiweiß 8 g
KH 51 g

Fish & Chips mit Erbsenpüree

Pro Portion:
kcal 691
Fett 14 g
Eiweiß 41 g
KH 94 g

Fladenbrot-Bruschetta

Pro Portion:
kcal 460
Fett 20 g
Eiweiß 24 g
KH 43 g

Frühstückshörnchen – unser Sonntagmorgenritual

Pro Stück:
kcal 455
Fett 19 g
Eiweiß 9 g
KH 59 g

Gebackener Knoblauchdip

Pro Portion:
kcal 454
Fett 42 g
Eiweiß 8 g
KH 11 g

Gefüllte Muschelnudeln Tricolore

Pro Portion:
kcal 585
Fett 35 g
Eiweiß 17 g
KH 47 g

Geröstete Blumenkohlsuppe mit orientalischem Touch

Pro Portion:
kcal 244
Fett 17 g
Eiweiß 7 g
KH 17 g

Glückstopf mit Geflügelbällchen

Pro Portion:
kcal 663
Fett 31 g
Eiweiß 45 g
KH 51 g

Gyros-Lasagne

Pro Portion:
kcal 1128
Fett 65 g
Eiweiß 69 g
KH 59 g

Hähnchen in Zitronen-Basilikum-Sahnesauce

Pro Portion:
kcal 499
Fett 25 g
Eiweiß 55 g
KH 12 g

Hähnchen Melba

Pro Portion:
kcal 669
Fett 33 g
Eiweiß 55 g
KH 36 g

Hähnchenfilet „Züricher Art“ überbacken

Pro Portion:
kcal 581
Fett 36 g
Eiweiß 55 g
KH 8 g

Hähnchenschmaus

Pro Portion:
kcal 712
Fett 45 g
Eiweiß 65 g
KH 11 g

Hawaiianisches Loco Moco

Pro Portion:
kcal 1082
Fett 65 g
Eiweiß 52 g
KH 69 g

Hotdog-Partyzopf

Pro Portion:
kcal 446
Fett 25 g
Eiweiß 14 g
KH 38 g

Ipanema – alkoholfreier Maracuja-Cocktail

Pro Glas:
kcal 118
Fett 0 g
Eiweiß 1 g
KH 32 g

Kartoffel-Gratin mit Brokkoli und Cracker-Kruste

Pro Portion:
kcal 688
Fett 47 g
Eiweiß 22 g
KH 44 g

Käsenudeln hoch vier mit Kräutern

Pro Portion:
kcal 729
Fett 29 g
Eiweiß 31 g
KH 84 g

Knoblauch-Steak-Happen

Pro Portion:
kcal 375
Fett 23 g
Eiweiß 40 g
KH 1 g

Knoblauchsauce à la Papa Jo

Pro 350 ml:
kcal 273
Fett 17 g
Eiweiß 8 g
KH 20 g

Knoblauch-Minz-Dip

Pro Portion:
kcal 72
Fett 6 g
Eiweiß 2 g
KH 2 g

Königsberger Klopse wie von Oma

Pro Portion:
kcal 831
Fett 45 g
Eiweiß 34 g
KH 65 g

Königsbutter – Macadamiabutter

Pro Glas:
kcal 2244
Fett 222 g
Eiweiß 25 g
KH 21 g

Lachsquiche

Pro Stück:
kcal 289
Fett 20 g
Eiweiß 11 g
KH 15 g

Let's have a Party-Topf

Pro Portion:
kcal 661
Fett 40 g
Eiweiß 34 g
KH 41 g

Mac 'n' Cheese Muffins

Pro Stück:
kcal 265
Fett 17 g
Eiweiß 10 g
KH 17 g

Maracuja-Aperol® Sprizz

Pro Glas:
kcal 93
Fett 0 g
Eiweiß 0 g
KH 20 g

Marshmallow-Sirup

Pro 400 ml:
kcal 1019
Fett 0 g
Eiweiß 1 g
KH 247 g

Milchreis-Auflauf mit Schneehaube – Die süße Verführung

Pro Portion:
kcal 439
Fett 13 g
Eiweiß 11 g
KH 70 g

Milch-Schnitten®-Shake

Pro Glas:
kcal 604
Fett 31 g
Eiweiß 14 g
KH 68 g

Milch-Schnitten® selbstgemacht

Pro Portion:
kcal 144
Fett 9 g
Eiweiß 5 g
KH 11 g

Nährwerte

Naan-Brot

Pro Portion:	
kcal	285
Fett	5 g
Eiweiß	9 g
KH	49 g

No-Knead-Käsebrot

Pro Brot:	
kcal	2147
Fett	39 g
Eiweiß	78 g
KH	362 g

Nudelsalat Pico Bella

Pro Portion:	
kcal	360
Fett	8 g
Eiweiß	10 g
KH	61 g

Nudelauflauf mit Hackfleisch

Pro Portion:	
kcal	871
Fett	35 g
Eiweiß	37 g
KH	98 g

Orange Soup – Rote Linsensuppe

Pro Portion:	
kcal	431
Fett	9 g
Eiweiß	17 g
KH	68 g

Oreo®-Waffeln mit Blaubeerjoghurt

Pro Portion:	
kcal	703
Fett	27 g
Eiweiß	16 g
KH	98 g

Pfefferrahmsauce

Pro Portion:	
kcal	163
Fett	14 g
Eiweiß	2 g
KH	6 g

Pfirsich-Trifle

Pro Portion:	
kcal	910
Fett	52 g
Eiweiß	15 g
KH	55 g

Philly Cheesesteak Sandwich

Pro Portion:	
kcal	905
Fett	49 g
Eiweiß	60 g
KH	50 g

Pizzabrot-Aufstrich

Pro Portion:	
kcal	281
Fett	24 g
Eiweiß	11 g
KH	5 g

Pretzel Bubble Bread mit cremigem Honig-Senf-Dip

Pro Brot + Dip:	
kcal	3154
Fett	149 g
Eiweiß	56 g
KH	375 g

Puddingkissen – Variante eins

Pro Portion:	
kcal	312
Fett	10 g
Eiweiß	8 g
KH	46 g

Puddingkissen – norwegische Variante

Pro Portion:	
kcal	363
Fett	11 g
Eiweiß	8 g
KH	55 g

Pulled Chicken Burger – Surfer Burger

Pro Portion:	
kcal	762
Fett	27 g
Eiweiß	40 g
KH	85 g

Ratatouillegratin

Pro Portion:	
kcal	303
Fett	17 g
Eiweiß	12 g
KH	23 g

Rote Bolognese

Pro Portion:	
kcal	356
Fett	19 g
Eiweiß	28 g
KH	16 g

Saftige Apfelmuffins

Pro Stück:	
kcal	219
Fett	11 g
Eiweiß	2 g
KH	27 g

Scharfer Erdnuss-Dip

Pro Portion:	
kcal	229
Fett	19 g
Eiweiß	8 g
KH	6 g

Schinken-Käse-Rolle

Pro Portion:	
kcal	385
Fett	16 g
Eiweiß	15 g
KH	42 g

Schokino

Pro Stück:	
kcal	534
Fett	32 g
Eiweiß	7 g
KH	51 g

Schokobananen-Happen

Pro Portion:	
kcal	361
Fett	22 g
Eiweiß	4 g
KH	34 g

Schokoladen-Hummus

Pro Portion:	
kcal	239
Fett	12 g
Eiweiß	9 g
KH	24 g

Schokoladenmuffins – Ein Schokotraum wird wahr

Pro Stück:	
kcal	358
Fett	16 g
Eiweiß	7 g
KH	45 g

Schokoriegel-Kuchen

Pro Portion:	
kcal	568
Fett	30 g
Eiweiß	9 g
KH	63 g

Schwedenbecher

Pro Portion:	
kcal	677
Fett	33 g
Eiweiß	7 g
KH	77 g

Schweinefilet-Gratin mit Apfel-Curry-Sauce

Pro Portion:	
kcal	547
Fett	28 g
Eiweiß	57 g
KH	14 g

Spaghetti mit Zitronensauce, gebackenen Tomaten und Parmaschinkenröllchen

Pro Portion:	
kcal	1139
Fett	57 g
Eiweiß	41 g
KH	115 g

Spicy Chicken Rigatoni

Pro Portion:	
kcal	810
Fett	21 g
Eiweiß	48 g
KH	104 g

Streetfood Pommes: Montreal Poutine

Pro Portion:

kcal	651
Fett	28 g
Eiweiß	15 g
KH	78 g

Streetfood Pommes: Tijuana

Pro Portion:

kcal	761
Fett	44 g
Eiweiß	12 g
KH	73 g

Streetfood Pommes: Pulled Chicken

Pro Portion:

kcal	967
Fett	21 g
Eiweiß	59 g
KH	131 g

Tiramisu di Angelo

Pro Portion:

kcal	444
Fett	29 g
Eiweiß	7 g
KH	36 g

Trümmerhaufen – Smashed Potatoes mit Harissacreme

Pro Portion:

kcal	248
Fett	12 g
Eiweiß	7 g
KH	29 g

Vanilla Berry Smash Lemonade

Pro 300 ml Sirup:

kcal	627
Fett	2 g
Eiweiß	3 g
KH	132 g

Vanillepudding mit Beerenmix und Schokoladensauce

Pro Portion:

kcal	651
Fett	41 g
Eiweiß	11 g
KH	58 g

Very Berry – Erdbeersauce mit Orangenlikör

Pro 600 ml:

kcal	901
Fett	2 g
Eiweiß	4 g
KH	193 g

Vier-Käse-Pizzablume

Pro Portion:

kcal	262
Fett	13 g
Eiweiß	10 g
KH	25 g

Weiße Bolognese

Pro Portion:

kcal	575
Fett	47 g
Eiweiß	28 g
KH	8 g

Impressum

Math. Lempertz GmbH
Hauptstr. 354
53639 Königswinter
Tel.: 02223-900036
Fax: 02223-900038
info@edition-lempertz.de
www.edition-lempertz.de

Dieses Kochbuch wurde nach bestem Wissen und Gewissen verfasst. Weder der Verlag noch die Autorinnen tragen die Verantwortung für ungewollte Reaktionen oder Beeinträchtigungen, die aus der Verarbeitung der Zutaten entstehen. Bei den Nährwertangaben handelt es sich nur um Richtwerte. Sie können je nach verwendetem Produkt abweichen. Der Markenname „Thermomix®" ist rechtlich geschützt und wird nur als Bestandteil der Rezepte verwendet. Für Schäden, die bei der Zubereitung der Gerichte an Personen oder Küchengeräten entstehen, wird keine Haftung übernommen. Bitte beachten Sie die Anwendungshinweise der Gebrauchsanweisung Ihres Thermomixgerätes.

Rezepte: Manuela und Joëlle Herzfeld
Rezeptfotos: © Manuela und Joëlle Herzfeld
Fotos und Titelbild: Jo Kirchherr, www.jokirchherr.com
Lektorat: Edition Lempertz, Christina Meuser
Layout/Satz: Yinin Got (Büro Bataakoon)
Gesamtherstellung: Print Consult GmbH, München
Printed and bound in Slovakia

ISBN: 978-3-96058-332-5

MIX
Papier aus verantwortungsvollen Quellen
FSC® C084279

Klimaneutral
Druckprodukt
ClimatePartner.com/13600-1909-1001

Guten Appetit!

Danke

Diese Danksagung ist sozusagen die letzte Zutat, die wir diesem Buch hinzufügen. Und genau wie bei unseren Rezepten tun wir dies mit viel Liebe. Denn mit diesem Projekt verhält es sich ähnlich wie mit dem Abendessen: Es wird erst zum Genuss, wenn man es mit lieben Menschen teilt. Und so wurde dieses Buch dank Freunden und Familie zu etwas wirklich Besonderem.

Ein herzliches Dankeschön geht daher an unsere Familie, insbesondere an Volker, Jordan und Angelo. Wir lieben Euch bis zum Mond und wieder zurück. Auch wenn Ihr manchmal böse Blicke von uns erntet, wenn es heißt: „Wir glauben, dass Rezept bekommt Ihr noch besser hin!"
Ihr unterstützt uns geduldig, wo Ihr nur könnt. Ob beim Einkaufen, Ideen sammeln, Chaos beseitigen, alles im Hintergrund zu organisieren, seid unsere Testesser und baut uns immer wieder auf, wenn wir an uns zweifeln. Was würden wir nur ohne Euch tun!

Danke auch an all unsere Freunde für die Unterstützung, Geduld, Begeisterung, für Rat und Tat und Eure Inspiration.

Von unserem Verlag Edition Lempertz, insbesondere Antje, können wir nur in den höchsten Tönen sprechen. So viel Freiraum, Hilfe, Verständnis und Unterstützung sind bestimmt nicht selbstverständlich. Das wissen wir zu schätzen. Danke für Euer Vertrauen.

Ein spezieller Dank gilt auch unserer Grafikerin Yinin Got (Büro Bataakoon). Vielen Dank für das kreative und wunderschöne Layout. Du leistest nicht nur grandiose Arbeit, setzt alles wunderschön in Szene und hast ein Auge für das Wesentliche, sondern bist auch seit Jahren ein treuer Wegbegleiter und mittlerweile gute Freundin geworden. Schön, dass es Dich gibt!

Dann gibt es auch immer diese besonderen Menschen im Hintergrund. Die, die uns begleitet, unterstützt und beraten, uns immer wieder in unserem Vorhaben bestärkt haben, wie z.B. Felix Krohmer und Dirk Schneider von Azafran. Ihr seid einfach wundervoll.

Und zu guter Letzt möchten wir uns natürlich auch bei EUCH bedanken! Ohne Euch Leser und Follower, die Ihr unsere Leidenschaft für gutes Essen und liebe Freunde teilt, würde dieses Kochbuch nicht existieren. Danke, dass Ihr uns so unterstützt und auf unserem Weg begleitet und so viel Liebe mitgebt.

Manu und Joëlle

Die schönsten Dinge
sind nicht einfach
irgendwelche Dinge
sondern vielmehr
Erinnerungen, Momente,
Bilder und die Menschen,
die dein Leben
bereichern.

Janas Diary

Notizen

Notizen

Notizen

Notizen

Bereits erschienen

88 Seiten,
durchgehend farbig bebildert,
Format: 16,5 x 20 cm, Klappenbroschur
ISBN: 978-3-96058-247-2
€ (D) 12,99 / € (A) 13,40

Food with Love
33 himmlische Desserts

Desserts sind Verführung pur und der krönende Abschluss eines jeden Menüs. Seit Manuela und Joëlle Herzfeld 2014 mit ihrem eigenen Blog *foodwithlove.de* online gingen, haben sie bis heute eine Vielzahl von Rezepten kreiert und liebevoll in Szene gesetzt – darunter auch zahlreiche Desserts, die leicht von der Hand gehen, super kreativ sind und garantiert glücklich machen. Ob cremig, klassisch, fruchtig oder schokoladig: Manuela und Joëlle Herzfeld haben für jeden Anlass und für jeden Geschmack die passende Nachspeise parat. In dieser Rezeptsammlung finden sich neben ihren 33 Lieblings-Desserts von *foodwithlove.de* auch viele Tipps und Tricks der beiden erfahrenen Mixerinnen. Manuela Herzfeld bringt es so auf den Punkt: „Gelingsicher, super einfach und einfach super lecker!"

160 Seiten,
durchgehend farbig bebildert,
Format: 20 x 25,5 cm, Hardcover
ISBN: 978-3-96058-996-9
€ (D) 19,99 / € (A) 20,60

Unsere Lieblingsrezepte
Vier Hände, zwei Herzen, ein Thermomix®

Die ebenso erfolgreichen wie sympathischen Bloggerinnen Manuela und Joëlle Herzfeld sind bekannt für ihre kreativen und gelingsicheren Rezepte, die Alltagstauglichkeit und Genuss zusammenbringen. Mit diesem Buch kommen ihre Lieblingsrezepte zu Euch.

Von Cinnamon Rolls bis Filettopf findet Ihr Rezepte, die mit Liebe zubereitet wurden. Es gibt noch viel mehr auf *foodwithlove.de* zu entdecken.

Die Kreationen sind nicht nur ein Highlight für die Geschmacksnerven, sondern auch fürs Auge. Perfekt in Szene gesetzt und von den Autorinnen meisterhaft fotografiert, macht Food with Love Lust auf mehr.

216 Seiten,
durchgehend farbig bebildert,
Format: 21 x 26 cm, Hardcover
ISBN: 978-3-96058-246-5
€ (D) 19,99 / € (A) 20,60

Soulfood with Love
Rezepte zum Glücklichsein mit dem Thermomix®

Ihr Erstlingswerk wurde mit 55.000 verkauften Exemplaren ein Bestseller. Dementsprechend groß war die Vorfreude ihrer Fans auf eine Fortsetzung. Das Warten hat ein Ende: Manuela und Joëlle Herzfeld melden sich mit diesem opulenten Rezeptband zurück und präsentieren 90 neue, kreative und unveröffentlichte Rezepte für den Thermomix®.

Soulfood with Love ist das Thema - echtes Seelenfutter mit viel Leidenschaft und Liebe von den beiden sympathischen Bloggerinnen (foodwithlove.de) zubereitet, wunderschön in Szene gesetzt und fotografiert.

Soulfood with Love - das sind Kalorien in ihrer schönsten Form für unvergessliche und genüssliche Stunden mit der Familie oder Freunden. Essen ist Balsam für die Seele und Liebe geht bekanntlich durch den Magen. Besonders wenn es sich um echtes Soulfood von Manuela und Joëlle handelt.

food with love

HIER FINDET IHR UNS:

www.facebook.com/Rezeptemitherz

www.instagram.com/foodwithlove.de

www.pinterest.de/foodwithlovede

www.foodwithlove.shop